國境極南

太平島─揭開台灣國土最南端的神祕面紗

[夢想・執著・勇氣

光陰荏苒，離開南沙回到台灣本島至今雖已半年之久，但只要閉上雙眼，弟兄們的聲音彷彿又在我耳際邊迴盪著，大家同甘共苦為島上寫下歷史性的痕跡，不論是歡笑抑是悲傷，永遠都成了點點滴滴的美好回憶。

南沙太平島風光明媚，宛若洞天福地，堪稱台灣的夏威夷。但因早期戰略地位的重要性，加上距離實在過於遙遠，除了服兵役外，一般人根本無緣登島。和金門、澎湖、馬祖、綠島，甚至烏坵、東沙等外島相較下，太平島仍舊是個鮮少人知道、關心的地方。

本書作者是我在島任期內（南沙指揮部指揮官）的中隊文書，為人誠懇踏實、做事勤勉認真。為了追尋一個夢想，為了完成這部著作，他放下交往歷時四年的女友、離開繁華熱鬧的台北，舉手自願成了全國三十九名南沙兵的其中一員。

曉祥在本書裡記載了他從抽到南沙籤到上島，這半年歷程中的種種見聞與心情感受，描寫的淋漓盡致，讓人彷彿身處其中，甚至能感受到其中的喜怒哀樂，讓人不禁想去閱讀它。

　　他曾說過：「我不在意這本書是否能賣座，因為它代表的是我實現夢想的價值。」像這種追尋夢想的執著和勇氣，是值得大家來學習和效法的。

　　　行政院海岸巡防署 海岸巡防總局 北部地區巡防局
第二海岸巡防總隊 總隊長 上校 羅錫永　100年7月11號

推薦序2

　　我是本書作者葉曉祥在文化大學日研所就讀時的指導教授；今年七月初，葉生來電話告訴我，他在研究所畢業後服兵義務役時，遠赴南沙群島的太平島駐防半年，退伍後就以這半年在南沙太平島的生活點滴和見聞，寫了《國境極南》這本書，要我為他的這本書寫序文。

　　因為我曾經多年從事中日關係的研究工作，知悉南沙群島位於中國海南島南方的「南海」南部，夾在中南半島和菲律賓及馬來西亞之間；二次大戰前，中南半島為法國的殖民地，法國對鄰近中南半島的南沙群島曾主張擁有歸屬權；而戰前的日本採南進政策，將南沙群島劃入其南進的勢力範圍，於太平洋戰爭爆發前，也宣稱對南沙群島擁有所有權，並將南沙群島改稱為「新南群島」，因而和法國發生歸屬權問題的紛爭。二次大戰後法國退出中南半島，越南獨立。戰敗的日本，在舊金山合約中簽署也放棄對南沙群島的權利和請求權。

歷史上，中國在明清兩朝之前，就將南海北部的東沙群島，和西北部的西沙群島，及南沙群島都列入版圖；中華民國繼承法統，當然也主張這些群島擁有主權。目前我國在南沙群島的太平島，及東沙群島最大的東沙島，都派有駐軍防守。由於南沙群島海域有豐富的漁業資源，並蘊藏石油天然氣，其兩百海浬海域專屬權，再加上位居亞非中東航向東北亞的要衝，更凸顯高度戰略地位。

　　近年來，南沙群島東邊的菲律賓、東南邊的馬來西亞、西邊的越南等國都覬覦南沙群島，各自宣稱對南沙群島擁有主權，分別佔據其鄰近的小島嶼，發生菲、馬、越，甚至與中共之間的主權歸屬紛爭，引起美國等國際社會的注意。就在此時，葉生以他自己駐防南沙太平島的見聞寫成這一本書，期望能喚起國人對距離台灣遙遠的南沙群島的多一點了解和重視，所以我樂意為這本書簡單的寫以上的幾個字以代序文。

劉崇稜 2011.7.11.

曾任行政院新聞局國際處專員
中國文化大學華岡教授兼日文系系主任
財團法人中日關係研究會研究委員
現任中國文化大學日本研究所兼任教授

推薦序3

　　當兵，這對於生長在台灣的青年男子，並不會感到陌生的一個人生過程。過去予人以陸、海、空三軍軍種的刻板印象，亦隨著時代的變遷，制度的改變，近年來，呈現多元的選擇，其中所謂的替代役，或本書中所提內政部管轄的海岸巡防署之類屬之。

　　服兵役是一份天職，除職業軍人外，有大專生投筆從戎者，或服義務役樂於應徵召入伍者，或有百般不願意迫於無奈從軍者，如此初衷形形色色；結果退役心情，儘管快樂、解放、自由為一致的想法，但對軍旅生活點滴，留下深刻印象，甚或特別懷念者，大有人在。

　　本書一語道破入伍服役年輕人的心聲以及心路歷程。心情七上八下的轉換、三姑六婆的正反意見、和交往中女友的短暫揮別、中心訓練、下部隊抽籤分發、部隊報到前的訓練、離島登船報到、正式展開軍旅生活、結識部隊弟兄朋友、操練、屆退前數饅頭的日子、退伍解放等等，從甫一開始的內心排斥，其隨著時間的消逝以及部隊生活的習慣，同儕間的同舟共濟，九條好漢說打就打、說幹就幹的團結精神與豪氣千丈的義氣，一切都將會漸趨苦中作樂，當苦為吃補，從而獲致快樂，形成退伍時捨不得這裡的環境、這裡同甘共苦賽過手足情深的弟兄們等等，此一心境，亦僅當事者方能體得，實難以為外人道矣。

　　當兵或部隊生活，一直以來，除了是役男正式從軍經驗外，一般外界甚少能理會或一窺實際的軍旅生活實況，這些林林種

種，電視連續劇「新兵日記」或電影「報告班長」等等有關部隊寫實影片，雖多所描述，畢竟是影片，予人以演戲娛樂而不切實際；事實上，這些影音的描繪，既寫實又栩栩如生，而其冷暖唯有當事者以及過來人方可體會。

我本人當兵時，下部隊抽中「金馬獎」，外放到金門島，和『國境極南』之離島有異曲同工之趣，只差當時位處前線的金門，還籠罩在兩岸彼此施放砲宣彈之冷戰時期，戰地的氣氛略有不同而已；但當時的我和曉祥一樣，已有紅粉知己，對她特別惦念，中心訓練完畢，前一天晚上抽完籤，僅知部隊番號，不知從此與弟兄們分道揚鑣，將何去何從；依著起床順序所分配床位就寢，第二天一大早，搭乘台鐵火車直接南下高雄營區，第三天一大早即登船向西駛去，此刻才能真正確認是開往金門；不像曉祥還有道別假、自願外放南沙之掙扎等經驗。金門，當聽到長官說：「去過金門的人，會一輩子懷念金門」時，我有一點懷疑，但結果如同長官所言一般；這和曉祥上島後初期因不適應而認為上當受騙才到南沙，直至喜歡上南沙到下島後的懷念，心境不無二致。

本書作者曉祥為本人任教於中國文化大學日文系時的學生，之後個人因轉任教於國立高雄第一科技大學，不克繼續看著他成長，僅偶爾以伊妹兒互通訊息而已，研究所畢業服義務役的轉折，到記錄軍旅生活點滴，毫無保留與做作，詳實鋪陳，公諸於世，至屬難得。時值中、菲、越三國挑起南海主權爭議，引起美國高度關切之際，本書之出版，格外有意義，爰允宜為書作序，分享心得之餘，尚祈不吝指正為盼。

邱榮金　謹誌
2011年7月於台北

曾任行政院新聞局科長
外交部簡任秘書
駐日代表處新聞秘書
現任國立高雄第一科技大學應日系副教授

［作者自序

　　研究所畢業，結束半年實習教師生活後，我的求學生涯劃下句點。在親友的鼓勵、女友的祝福下，我前往宜蘭金六結展開為期一個月的「新兵訓練」。

　　本以為自己會和其他弟兄一樣，平平凡凡結束新訓，抽支離家不近也不遠的籤，下部隊後直到退伍。沒想到在中心才待不到兩個禮拜，某天早上我突然發燒高達41度，呼吸困難、咳出血痰，全身癱瘓幾乎失去意識。排長慌忙招來救護車帶我去陽明醫院掛急診，這是我生平第一次搭救護車。

　　檢查結果我因意外細菌感染罹患中度肺炎，吊了整天點滴退燒，回軍營後被安置在休養室內隔離十天之久，每天得靠服用強力抗生素和病魔對抗，當時經常在想：「我會死嗎？」所幸我的生命延續了下來。

　　當我能下床時，隔天已是「鑑測」的日子。拖著虛弱的身子好不容易勉強跑完「鑑測」，第二天又馬上離營回家放結訓假去了，回想起來總覺得我的中心生活好枯燥乏味。

　　但好戲總是在後頭，放假期間我因朋友的一句話，意外抽到「離島籤王－南沙太平島。」在高雄岡山受訓時又受教官的影響，改變初衷放下交往三年多的女友自願前往南沙服役，使得「國境極南」這本書才有問世的機會。

　　南沙地處距離台灣一千六百公里的遙遠地帶，島上沒有居民，早期由陸戰隊鎮守，現由海岸巡防署接管。書中敘述我為何會前往南沙服役，描寫上島前後經過及在島上半年的種種見聞、生活回憶、個人感觸等。南沙綠色植物茂盛，海域生態資源豐富，可貴的是這裡沒有遭受人為嚴重破壞，堪稱「台灣最後的淨土」。但卻也是個鮮少人知道，被你我遺忘的地方。

　　在此期望透過最真摯、最寫實的方式將南沙呈現給各位讀者們，讓讀者一同來關注原來台灣還有個這麼美麗，不輸給「帛琉」、「芭達雅」等的地方，同時也希望大家能對因輿論下被抹黑的南沙戰士們有番正確的認知。

　　謹以此書獻給曾在南沙服役過的同袍和所有關心這座離島的國民們。

　　　　　　　　　　　　　　　　　　2011年 葉曉祥 於台北

［前言

你看過「海天一線」的景象嗎？
腳曾踩在「白色沙灘」上過嗎？

你喜歡「椰林風情」嗎？
曾見過「夕日如畫」嗎？

抬頭仰望過「星夜呢喃」的樣子嗎？
內心底鍾情「南方小島」的風情嗎？

喜歡海邊的你或許去過澎湖、西子灣、墾丁，甚至申請到過東沙環礁國家公園。但是在台灣的最南端還有一座更美麗的小島，一塊我們最後的淨土，你去過嗎？

再過十七個小時，軍艦即將抵達南星碼頭，載我們離開南沙航向久未踏上的故鄉台灣。這艘軍艦原本是我夢寐以求的「幸運之船」。但如果它是在幾個月前就到來那該多好。

　　半年前，我和一群弟兄們告別親友、情人來到這座島上，頂著常人無法忍受的烈日和嚴苛的自然環境對抗，展開艱苦的歷程。然而當我終於適應這裡的生活環境，開始感受到這座島嶼的「美」時，卻從南巡局傳來要我們換防的命令。

　　我的心情就像現在的天氣一樣陰雨不定，隨時都極有可能飄起雨。像那剛被海浪沖上來的「黑色花盆」一樣，不知自己接下來的命運會是如何？因為這裡對我來說已有太多永遠無法忘懷的回憶了……

2010年12月7日　於南沙太平島

[一位醫官的回憶

　　三十多年前，某位醫官隨行陸戰隊登艦，歷經數天的航期來到位於南沙群島的中華民國海防第一前線－南沙太平島。這裡是許多動植物學者和攝影家最嚮往的寶庫，它保有最原始的生態，既原始美麗又神祕的景觀，可說是我們台灣最後的樂園。但它卻是個如地獄般恐怖的「惡魔島」世界。

　　因為戰事形勢緊張的關係，政府為了確保安全故而無法派出運補船補給罐頭及必需品上島，只能定期派軍機快速經過本島空投物資。常會發生物資沒投好落海的情形，以致島上食物匱乏，士兵們時常過著有一頓沒一頓的生活，最後便只好丟手榴彈炸魚來吃。

　　當時島上的造水設施非常簡陋遠不如現在的先進科技，島上沒有淡水湖泊，只能仰賴僅有的幾口井收集雨水來維持用水量。因水源不潔淨的關係，裡頭滿是蚊子的幼蟲－「孑孓」，怎麼樣都瀝不乾淨，每天都得靠喝「孑孓水」、「孑孓湯」度日，生活環境相當的惡劣。

　　由於基本生活需求未能達到滿足，加上每日飽受神經緊繃的壓抑又無適當的宣洩管道，使得打架事件層出不窮，常發生老兵欺負新兵，同梯間毆打弱勢者的情形發生，長官面對這些事多半是睜一隻眼閉一隻眼。每當這些傷者來到醫務室上藥時，心裡都有股想落淚的心酸，「所以我都告訴自己，今生絕對不會想再踏上那個地方了。」

　　這位醫官很感慨的說著他以前的故事⋯⋯

　　數年後，隨著海峽兩岸情勢的緩和，戰事逐漸被遺忘，漸漸地消失在大家的記憶裡。太平島也隨著歷史世代的更迭，被政府納入旗津區改為高雄市代管，現為海岸巡防署接收管轄。民國九十九年六月，一名七年級的義務役二兵為了實現自己的夢想，尾隨這位醫官的腳步踏上了「南沙之行」，然而等待他的究竟是個怎樣的旅程呢？

Contents

廣西　　　　廣東　　　　　　　　　　　　　　　台灣海峽　　台灣
　　　　　　　　　　　　　　　香港　　　　　　　　　　　　　高雄
　　　　　　　　　澳門　　　　　　　　140浬　　　　240浬
　　　　　　　　　　　　　　　　　　　　　　　東沙環礁
　　　　　　　　　　　　560浬
海南島
　　　　　　　　　　　　　　　　　　　　640浬
　　　　　　　　　　　　　　　　　　　　　860浬
　　　　　　　　　　　　　　　　　　　　　（約1600公里）
　　　　西沙群島　　　中沙群島
　　　　　　　　　　　　　　　　　　　　　　　　　　菲律賓
越南
　　　　　　南沙群島　　太平島
　　　　　　　　　　　　　　　　　　馬來西亞

太平島簡介

　　南沙群島為一百多個島嶼、灘、礁、沙洲的綜稱，其中最大的島嶼—「太平島」，於政府遷台後，先由海軍代管，後經報奉行政院於1990年2月16核示，改由高雄市政府代管，並納入高雄市旗津區，為目前我國派遣海岸巡防人員駐守最南端之領土；於國外海圖則或稱「夷圖阿巴島（Itu Aba Island）」（馬來西亞語裡意旨「那是什麼？」）。

　　太平島距離台灣里程約1600公里，面積0.4896平方公里，為珊瑚礁島，島型狹長，步行環島僅須時約四十分鐘。四方沿岸均有沙灘分布，其沙質細白，並點綴著經由珊瑚風化復經海浪滔洗而成的點點殷紅。

　　而在地質柔軟細緻的白沙下則為堅硬的礁盤，沿岸海域均有珊瑚分布，種類多樣且豐富。

　　太平島因地近赤道無風地帶，屬熱帶海洋性氣候，因季晴而無明顯劃分，亦無颱風侵襲，島上木林繁盛。從海上眺望太平，湛藍的海洋映照著一片碧綠，更顯得翠然，宛若一枚晶瑩溫潤的翡翠。

　　而這枚粲然的海上寶石，也是亞洲東緣候鳥遷徙路徑中的重要歇腳點。

　　此外在南海海域常見海龜的蹤影，其中以綠蠵龜為太平島最常見的海龜；且終年均有綠蠵龜上島產卵。2007年我國為響應國際間對海龜保育的重視，將南沙太平島劃設為海龜繁殖保育區，從沙灘至樹林外側定為陸域產卵棲地、海域重要棲地範圍則訂自潮間帶及低潮線十二浬處。

　　南沙太平島擁有豐富多樣的生態，也歷經過歷史推移、定位更替，現在則由行政院海和巡防署岸巡總局所管轄之南沙指揮部負責戍守海域安全、鞏固國家主權；並且在日長海巡勤務之外，同時對生態保育付出心力悉心維護、細心紀錄。

　　太平島對國人而言或許陌生，但你該認識這與我們隔海相連的國土。

　　　　　　　資料來源：國境之南 南沙生態光碟 中英雙語版

離島籤王

　　因著老同學的一句話，讓我在新訓中心抽籤時不僅出槌，還被長官數落，正當我腦袋一片空白，欲圖草率了事下臺時，命運之鐘早就在此刻偷偷地響起，一段長達半年的冒險之門就此為我敞開。

　　千千萬萬個不願意離開繁華的台北、溫暖的家庭、心愛的女友，不必前往南沙的門票也從我眼前緩緩飄過。但我卻沒及時抓住它，不但舉手自願上島，還編造理由欺瞞女友，為的就是親眼目睹這座傳說中的島嶼一眼，命中似乎注定我要和太平島結下不解之緣。

都是左手惹的禍。

「22140，南部巡防局南沙指揮部。」是在新訓中心(宜蘭金六結)抽籤後長官對我說的第一句話，當我還愣在那時，台下已傳來弟兄們熱烈的歡呼聲。心輔士還笑著對我唱「電影海角七號」的主題曲「當陽光再次回到那飄著雨的國境之南……」回想起來，命運的安排真是巧妙。

中心結訓假期間，一位住宜蘭的五專同學請我吃飯，並叮嚀我「待在本島絕對比去外島好，記得抽籤時要用左手，千萬別用你那隻帶屎的右手。」朋友的關懷我謹記在心，抽籤當天毫不猶豫把「左手」伸入籤箱，說句實話，當時我的眼角不小心瞄到本島籤的號碼牌，內心正覺得暗自竊喜時，突然傳來一聲連長的「斥責」。

「22140，你用右手宣示，怎麼能用左手抽籤，這樣誰曉得你有無作籤？把手舉起來。」當時我嚇了一大跳，頓時「腦袋一片空白」，只覺得「丟臉丟到家」，不知該如何是好，唯一想做的就是趕快下台，於是心虛的抽出左手，右手隨意一伸，抽起一支標示6號的籤牌。這支籤就是我往後即將與台灣相隔180多天的「籤王之王—離島中的離島—南沙太平島」。

抽完籤後我馬上撥電話回家告訴家人我抽到南沙的事，說實在我根本不知道南沙是什麼地方，只聽長官說「好像」是在國境之南的外島，「應該是在墾丁外海附近吧！那也不錯，放假時還可以順便去墾丁觀光，看看比基尼辣妹。而且大家都說外島很涼，站哨時左手拿本小說、右手拿支釣竿，不是嗎？」我心裡這麼想著時，電話通了。

「喂！媽，是我啦！抽籤結果出來了。」
「你抽到哪了？」
「跟妳說喔！是一個超涼的地方！叫南沙啦！」
「南沙？是不是在南竿附近呀？」
「不是耶！好像是在屏東的外海。」
「喔！沒關係啦！既然抽到就好好當完兵吧！晚點有空記得打電話回來，老爸很關心你抽籤的事……」

女友的手機接通，
「小貝貝，跟妳說喔！很不幸我抽到南沙了。」
「南沙！一聽就知道是外島了。」
「我也不想呀！妳以為我捨得扔下妳跑去
那邊嗎？」

「早就跟你說過金六結是外島籤的大本營,為什麼小選時不和我堂哥一樣自願去空特。我生氣了⋯⋯」吼!去空特是要我被操死死是不是?

「我又不是故意的,妳不要生氣好嗎?」

「我還能怎麼樣,現在也只有放手讓你去呀!我總不能要你逃兵吧⋯⋯」

當天下午,
「喂!爸,媽有沒有跟你說我抽到南沙的事了。」

「有呀!梁叔叔以前當海陸時去過南沙,他說那裡非常漂亮。」

「在墾丁附近當然漂亮啦!那可是全國最棒的海域。」

「什麼墾丁,在馬來西亞附近啦⋯⋯」

　　不會吧!我怎麼會抽到那種地方?打電話請還在花蓮唸書的妹妹上網幫我查詢有關南沙的資料後,心情簡直跌落深深谷底⋯⋯

妹妹:「哈哈哈,恭喜你抽到一個世外桃源,普通人想去也去不成!」

原來我要去的地方像三明治一樣被夾在菲律賓、越南和馬來西亞之間，距離台灣860海浬，相當於1600公里，有四個台灣那麼遠。

　　這時我突然想起入伍前母親曾說過，鄰居琇瑛阿姨去松山媽祖廟替我向媽祖祈求我當兵平安的事。我立刻從皮夾裡拿出媽祖廟的護身符看了看，不禁嘆口氣說：「媽祖娘娘，您的玩笑也開得太大了吧！」

有時夢想就像結婚一樣，是1%的執著加上99%的衝動。

我不要去南沙。

　　當晚長官告知抽到巡防局的弟兄們，將裝備全數繳還部隊，因為我們不在隸屬國防部旗下，而是成為行政院「海岸巡防署」的一員。

　　隔天一大清早，南巡局科員到各新訓單位，把全國各地抽到南沙的九十名弟兄帶往高雄岡山的訓練大隊，接受十三天集訓。台灣是很小的，在這裡我認識了和我一樣系出文化大學日文系的學弟阿奇，我倆相談甚歡，真有種「他鄉遇故知」的感覺！

　　大隊環境相當乾淨整潔，裡頭種植了許多像是欖仁、椰子樹等熱帶植物，使空氣顯得格外清新，也讓我肺炎治癒後咳個不停的後遺症有所舒緩，整個肺臟覺得舒服多了，唯一比較不能適應的就是南部天氣熱到讓人覺得受不了。

　　三餐可以選擇要吃中式或西式，伙食也比新訓時好很多，大隊裡有水塘並且養了許多白鵝、紅面鴨，每逢早餐過後都會聚集在餐廳門口附近發出「嘎~嘎~」的叫聲，向大家要吃剩的麵包打牙祭，模樣相當逗趣。分隊長也一再強調：「這些鵝和鴨子論輩分上來說都是你們的學長姊，不要被我抓到有人跑去欺負牠們。」

　　換上海巡制服後，突然覺得自己已經不再像是個軍人而是一名警察，集訓期間讓我感到最大的收穫是泳技變得更精進、對各類船隻的性能和構造有一番了解，還有懂得如何使用無線電手持機、救生衣、救生圈，學會正確的CPR……

　　另外，在這裡我才知道我還有機會「留在本島」，不必前往異鄉。原來，所有人都必須先接受國軍醫院嚴格的體檢。

上南沙的名額共四十個，先從體檢合格的人當中採用自願者，其餘不足人數再用抽籤決定。

　　這個消息對那些不想離開台灣的人來說，無疑地是個天大喜訊，因為「體檢未必會過」、「抽籤也不一定會中獎」。至少還有百分之五十的機率可以留在台灣，用不著去那「鳥不生蛋」的地方。

「無論如何，我一定要想辦法留在本島。」這句話從新訓開始到岡山受訓時，每天都在我腦海裡縈繞著。不想去南沙的主要原因是因為我有一個交往三年多的女友，要我到那距離台灣1600公里的孤島上待半年，而且完全不能和她見面根本就是要我的命。為了「寶貝女友」，無論如何一定得想辦法留在本島，就算把我這個台北人分到屏東的單位也沒關係，要我去南沙，「絕對不可能！」

夢想是當下的抉擇。

　　然而我對南沙的顧忌卻因教官的一番話，改變了我當初的想法。來到大隊的第六天，教官在上課時似乎從我們眼神中看到大家對南沙的疑慮。便用投影機秀了幾張南沙的照片給我們看，躍入眼簾的是一幅幅用言語難以形容的美景。「不可能吧！台灣真的有這樣的一個地方嗎？」那根本就是個像「帛琉」一樣，甚至是有過之而無不及的地方，不是騙人的吧！

　　以前看新聞報導東沙的風景時，已經覺得很不可思議了，沒想到傳說中的南沙比它還要更美。沙灘真的有可能「白」成那樣嗎？這些照片不會都是用電腦修過的吧！

　　原先我們所想像的南沙是個「熱帶雨林密布」、「必須居住在帳篷內」、「每天只能喝椰子水」、「對外通訊幾盡隔絕」，就像電影「浩劫重生」一樣的不毛地帶。

想不到編了個謊，為的居然是個當初死都不想去的地方。

在教官悉心替大家依序解答後，才知道原來這些年來，政府對島上相當重視，並投注許多經費在建設上。現在南沙的生活環境和品質，已是大幅度提升，水電不匱乏、寢室內還有冷氣可以吹，絕非我們所想的那麼蠻荒落後。

還說：「南沙目前是不會開放給民眾觀光的，只有當兵才有機會到那裏，除非未來政策開放，不然你這一生就只有這麼一次機會，同樣是要當兵，何不把握這個機會，給自己一次難忘的回憶呢？」

　　「其實你們也不用擔心，我『聽說』在南沙平常沒什麼事做，每天就是作沙畫、撿貝殼，貝殼又大又漂亮，什麼六角貝、心貝、白法螺一大堆，就像在夏威夷渡假一樣。還有你們知道嗎？之前下島的人從那邊帶回一種用椰子殼作成的菸灰缸，非常漂亮，真不曉得是怎麼做出來的，在台灣當兵根本不可能有這種體驗……」這番話給許多「死也不想去南沙」的人打了一針強心劑。

一趟未知的旅程即將為39名勇士敞開。

教官的話使我一直想留在本島的強烈念頭開始動搖了，心想：「女友那麼愛我，一定會等我回來的，要是她移情別戀的話，我也認了。」、「去海邊撿貝殼不正是我最喜歡的事嗎？」再說，「國內好像很少有和南沙相關的著作出版，就讓我來寫一本好了。」

　　人都是有「惰性的」，代表「本島的天使」與代表「外島的惡魔」同時向我招手，究竟我該選擇誰呢？雖說這不是我當初想上島的主因，但藍天碧海、白色沙灘、輕鬆度日的魅力實在令我難以抗拒……

　　當晚就寢後，我在床上徹夜難眠，把教官說的話仔細想了好幾遍。最後，終於做出抉擇，往後在島上的種種閱歷證實我當晚的決定是對的，那就是「我要自願去南沙！」

令人擔心的體檢。

　　打定主意後整個心情也跟著開朗起來，常常獨自在作白日夢，心想那邊的風景有多漂亮。或是想著回來後，我可以很自豪的告訴親朋好友，我去過那個有錢也去不了的地方。高興歸高興，但有件事仍舊困擾著我。

　　由於南沙偏處交通不便地帶，擔心上島人員也許有痼疾或急病發作的可能，所以南沙兵在體檢方面「堪稱全國最嚴格」。一般檢查項目就別說了，甚至還得做超音波掃描等精密儀器的檢查，這對我來說實在是個壞消息。

　　原因是自從我上研究所後就鮮少運動，體重一路飆到八十七公斤，加上長期坐在電腦桌前打報告，玩線上遊戲的影響，身體變得很虛弱。除了血壓過高和輕微痛風外，還有沒有其他毛病都不曉得。體檢對我來說實在是很不利，真不知道該如何是好？

　　在高雄國軍總醫院體檢的當天，我變得很神經質，每檢查一項就馬上問醫官我的身體有無異常，醫官笑著對我說：「不要太緊張，等結果出來你就會曉得啦！」好不容易熬過一個上午，那必須等待一週檢驗報告的體檢終於結束。 為期十三天的集訓也在這一天畫下休止符，大家久盼的十天結訓假終於來臨。

回台北後，我馬上把「自願去南沙」的念頭告訴家人。一般人聽到自己小孩要到外島服役，定當十分不捨，沒想到父母的回答竟是出乎我意料之外。

老爸：「聽說那個地方很美，漁場（家裡經營水族館）的人都說想去也去不成。機會難得，你一定要去看看才不枉此生！」

老媽：「去那可以讓你學會怎麼好好照顧自己，對你來說是種良性刺激，我贊成你去。」不會是嫌我在家礙眼吧！

老妹：「記得多撿一些貝殼、多裝幾瓶沙子回來呀！」我又不是去觀光。

研究所同學阿毛：「偉大的勇士！我要在這向你敬禮。」

幸災樂禍的朋友們：「小葉，你一定要去。回來時再和我們說那裡的故事。」

住宜蘭的舊識：「兄弟呀！你的頭殼是不是燒壞了？」可惡，枉費以前期中、期末考都是我在罩你，難道就不能真心的祝福我嗎？

學妹小米:「曉祥學長,你的人生就是這麼奇妙。」這是在安慰我嗎?

記憶還在八二三炮戰的叔公:「你實在是太悲哀了,外島是國軍的惡夢,每天炮火聲不斷(台語)……」

醫官張開雙手:「那裡有這麼大隻的海龜等著你去看喔!」

琇瑛阿姨:「這是媽祖的旨意,她會保佑你的。」

篤信佛教的林老師:「那裡是多少攝影愛好者想去的世外桃源,這是佛祖給你的機會,你一定要代替我去看看。」

　　在家人的支持、大多數親友的鼓勵下,我終於下定決心,「只要體檢能過,一定要自願前往南沙!」

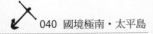

　　但還是有件事始終讓我耿耿於懷，那就是我實在沒勇氣對女友坦承我要「自願去南沙服役」的真相，因為我知道她會覺得我無情，所以我只告訴她：「就算體檢過了，還得扣除自願上島的人數，要去那裏也不是那麼容易的事，妳就別再為我操心了。」

二十七勇士。

　　十天假期說長不長說短不短，大家都過得很開心，唯獨我坐立不安。經常夢到長官在講台上宣布「我體檢沒過」的場景，以前讓我最開心的事，如今卻成了我最擔心的事。

　　好不容易終於捱到分發單位的當天，九十名弟兄穿著整齊坐在中山室內等待長官宣布體檢結果，在得知「不合格名單」沒有我時，那種欣喜真不曉得該怎麼形容，一方面高興自己有機會去台灣最南端看看，一方面慶幸自己的身體勉強還有六十分。

　　當長官向合格的六十一名弟兄問到：「有沒有人自願去南沙的呀！」包含我在內，舉手的共二十七人。長官：「來，為這二十七名英雄拍手！」，台下傳來陣陣的歡呼和掌聲。

　　令我感到惋惜的是，阿奇原本也打算舉手自願前往南沙，但沒想到體檢結果居然檢驗出他的右心室瓣膜有破損，因而被列入不合格名單中，「南沙之旅」的船票就這樣從他面前消逝而過。他沮喪的告訴我：「學長，我真的好想去南沙看看。現在我無法上島，就有勞你代替我完成這個夢想吧！回國時，記得連我那份白沙一起帶回來……」

士官長笑著說：「南沙好，勤務輕鬆，風景優美，就像電影「藍色珊瑚礁」一樣漂亮，這真是你們明智的選擇。」

這些人大部分是為了五千三百元的「外島加給」舉手，有人覺得外島「勤務」可能壓力比較小，有人則是為了撫平當兵被女友「兵變」的傷痛，而我則是為了貪圖「一點點的輕鬆」，加上完成一本不知是否能出版的著作。

剩下不足的十三個缺額由抽籤決定，抽到的人臉上都是一張「比臭豆腐還要臭的臉」。之後有位弟兄因特殊緣故和體檢不合格的人一樣按戶籍地分發單位，所以最後前往南沙的實則三十九人。南巡局對我們也很照顧，讓準備上島的人放了十三天上島假，把握和家人最後相聚的機會。

痛苦的謊言。

搭高鐵回台北的途中，我猶豫了好一陣子，終於撥手機給那小我四歲的「非常要好的好朋友」。

「婆，我要和妳說聲對不起。因為我通過體檢又不小心抽到南沙了。」
「公，為什麼你會這麼倒楣呀！」
「可能現在是我人生的低潮期吧！希望妳可以支持我。」
「那你下次放假是什麼時候咧？」
「這個嘛！要半年後才能回來。」
「怎麼會這樣，那麼久不能看到你我好難過。」
「不要難過好嗎？去外島比較不會那麼累，而且有多五千三的加給喔！」
「我又不是為了錢才和你在一起，我只要你每天給我抱抱。」
「我又不是故意的，我比妳更難過。」開始假哭……
「公，你不要哭了，我會乖乖在台灣工作等你回來，好嗎？」
「謝謝，我就知道妳對我最好，別人聽到我抽到南沙都在幸災樂禍。離開前還有十三天假期，我會好好陪妳的……」

好不容易總算把女友給安撫下來，我也把握這段時間陪她吃飯、四處去玩、買東西送她，享受最後的甜蜜，印象最深刻的是我們看的最後一部電影叫「給茱麗葉的信」。

或許上天對我的不誠實都看不過去了吧！回台灣後我遭到天譴，決定自願去南沙的念頭開啟我寫這本書的「起點」，卻也成了我和女友之間感情的「終點」。

航向南海

　　活了二十多年，從來沒有一次把行囊整理得如此的久、如此的仔細，裡頭除了自己的家當以外，還承載著許多親友的祝福。過去老是覺得「拜拜」就是有好料可以吃，只是種例行公式，但是我離家前的最後一次拜拜，卻是無比的虔誠。

　　離開台灣的前夜，雞排和珍珠奶茶是我最後吃到的東西，這時我終於能想像的到耶穌和門徒們吃完「最後的晚餐」，隔天要上「刑場」的畫面。只是我是和弟兄們一起吃，要去的則是「南沙太平島」。

　　生平第一次航海，無論是水藍藍的大海、強韌有力躍出水面的海豚，還是滿天星斗的畫面，對我來說都是那麼的新鮮。但也才知道原來想當「航海王」可不是那麼容易的，想在船上生活還真得有些本事。

　　四天三夜航程換來的禮物是一座充滿南方熱帶風情的小島，「白沙、椰林、珊瑚礁」，它的美遠遠超過我當初的想像，沒想到台灣居然有這麼一個不輸給時常登上Yahoo旅遊網站推薦之冠－「帛琉」的地方。

整裝行囊。

上島前假期最後一天，我開始動手整理行李，這次登島的時間很長，島上又沒有供應物資的地方，基本生活必需品非備妥不可。除了制服和盥洗用具外，我帶上島的東西共有爽身粉、維他命發泡錠、筆記本、綜合維他命、信封、水杯、防曬油、LED手電筒、金鼎三號乾電池、口罩、墨色鏡片（擔心陽光太刺眼會視盲）、曼秀雷敦、信封、備用眼鏡。

母親有位當護士的朋友得知我要前往南沙的消息後，擔心那裡的醫療資源不足，特地從診所幫我買了許多藥品，並幫我分類包裝好說是以備不時之需。由於東西實在太多，除了黃埔包以外，還用了一個登山大背包才裝完。

晚上我和家人到附近的一間客家菜館用餐，老闆和店員是我們的舊識，父母親很高興地與他們談論兒子準備前往南沙服役的事。但我知道他們內心其實很憂慮，和上大學後就長期住在外地的妹妹相比，我離家最久一次是在國三那年隨童軍團去屏東參加八天的全國大露營，現在要在一座孤島上待半年，為人父母的怎麼可能會不擔心，他們只是不想讓我心煩，所以沒表現出來而已。

當晚我在床上翻來覆去，不斷地想像往後半年究竟會有什麼樣的際遇等著我呢？我能適應嗎？直到凌晨三點多才緩緩入睡。

初次航海，無論何事對我來說一切都是那麼的新鮮。

半年後見了，我可愛的家。

祖宗保佑。

　　第二天我起了個大早，梳洗完畢後第一件事就是燒香給供桌上的觀世音菩薩、土地公、文祖公和祖宗牌位，請祂們保佑我這趟遠行能夠平安歸來。吃過母親為我做的榨菜蛋包麵，看看家門最後一眼後，父親開車送我去台北車站和我在訓練大隊最好的朋友梓銘會面，準備搭高鐵南下到岡山。

　　家人陪我等到最後一刻，不斷鼓勵我、要我別操心家裡的事，直到高鐵進站為止。隨著高鐵慢慢發動，父母親的面孔逐漸遠去，最後消失在我的視線裡。這是我生平第一次離家那麼久、那麼遠，不曉得半年後家裡會變成什麼樣子？爸媽和妹妹是否都能安好？

最後的宵夜。

　　九十九年六月六日，準備上島的人都在下午四點準時回訓練大隊報到。當晚孫士官長因體恤我們有半年不在台灣，破例開放我們和外面訂雞排、珍珠奶茶，算是為我們餞行。到南沙後，我才知道以往在台灣隨處買得到的雞排、珍奶，是多麼至上的人間美味。

　　六月七日凌晨四點，天還沒亮，大家就起床開始整理行李、搬運物資，以蔬果和礦泉水居多。早餐則是發給每人一個簡單的西點麵包餐盒，視個人暈船程度斟酌要吃多少。

　　清晨六點半，承租的遊覽車載著我們抵達左營軍港，為了預防暈船，所有人在此時都吃了官方「配給的暈船藥」。隨後一群背著行李，懷著一顆沈重不安的心，雙眼卻是充滿鬥志的熱血青年們上了船，準備前往那未知的「異地」。

手電筒、電池、防晒油、各式藥品、維他命發泡錠、口罩……　信封、肥皂、杯子、爽身粉、維他命C丸、備用眼鏡、墨鏡片、牙刷……

航向太平島。

　　經一番交接手續後，清晨七點半，夏季海面「風向良好」、「狀況良好」、「能見度高」，軍艦以航速十二節的速率啟航，朝太平島前進。「要看到你還得等半年呢！再見了，我的故鄉。」

　　出航才沒多久，原先有些拿著手機和家人、女友道別的人已不再出聲。原來至此訊號已完全中斷，手上有再好的手機都沒有用了。

　　看到這情景突然感到萬分無奈，許多人的淚水彷彿就要從那泛紅的眼眶奪出，但為了男人的尊嚴卻又不得不強忍下來立刻下船艙去，因為看著台灣慢慢消失對他們來說是件異常痛苦的事。

　　「波濤洶湧，烈日當空，海巡尖兵，執法先鋒。海上攔截，岸際封鎖，內陸查緝不放鬆。洋巡岸巡，密切協同，雷達所哨，嚴密監控。情蒐整合，指揮靈通，保我海防無漏洞。波濤洶湧，月正當中，乘風破浪，化身巨龍。不畏暴雨，哪怕寒風，我以海巡人為榮。」

　　生平第一次搭軍艦對大家來說是件很新鮮的事，白天所有人幾乎都待在甲板上看海聊天。海面平靜的波紋在陽光反射下就像一顆顆的鑽石般，閃爍著耀眼的光芒。航行許久不見半座島礁，望眼放去只有無盡的地平線，海豚、飛魚躍出水面和翻車魚在海面翻身，就好像在對我們說「一帆風順」。

　　艦長很親切，要我們放輕鬆，如果有什麼需求或是飯菜量不足的話請儘管說，艦上會儘量滿足我們。午餐時間到了，空調良好的餐廳內陸續湧進人潮，透過玻璃窗往船廚內望去，幾名身穿廚師服的食勤兵正在為了張羅全艦的飯食忙碌著。

　　海軍的伙食和陸軍相比好吃太多了，衛生和調理就不用說，菜色樣式也多。晚上八點過後是大家最開心的電影欣賞時間，所有人都圍坐在餐廳的電視機前欣賞影片，航行這幾天還有吃到飽的煎餃、豬肉餡餅、法式吐司等當宵夜。

　　入夜後上甲板抬頭一看，映入眼簾的是多到數不清的星星在夜空閃爍著，這時我才知道為什麼有人說星星會眨眼睛。以前總覺得那是作家筆下的形容詞，但今天證實這話絕非虛假。我從來沒看過這麼絢麗的星空，可惜女友不在身旁，不然能在這麼美的星空下約會是多浪漫的事呀！

昏沉的等待。

　　美中不足的是我們無法像航海經驗豐富的海軍一樣，能夠適應住在艙內的空氣。由於空調供應不足使得空氣悶熱又不通風，所有人滿身是汗，加上艙內飄來陣陣濃厚的柴油味，入睡時都有種昏沉沉的感覺。醒來後也是腰酸背痛、渾身無力，吃不下任何東西，連上甲板吹風的力氣都沒了。直到胃酸湧上來時，才勉強拖著沉重的步伐去福利社買一小包餅乾來解饞。

火上加油的是淡水供應不足，很多人已經連續三天沒洗澡，最後因為身體實在癢得受不了，只好抱著兩三瓶礦泉水到那充滿惡臭味的洗澡間去勉強沖沖身體。然後繼續倒在那一共四層，每層間隔只有五十公分左右的尼龍吊床上，床上鋪著軍用毛毯，躺起來相當不舒服，總覺得背後有股蒸氣持續的大量冒出，才沒多久全身都是臭汗。

　　南沙究竟是個什麼樣的地方？島上有多少人？學長學弟制會不會很重？叢林裡會不會有很多蛇？女友現在不曉得在做什麼？家裡今天晚餐吃什麼？轟隆隆的引擎聲牽動我不安的心，許多未知的事開始浮現在我腦海裡轉啊轉的。想著想著便闔上雙眼，因為這時對我來說「睡眠」是最好的休息方式，剩下的也只能「等待」了。

中華民國－南沙群島－太平島

南沙初現。

　　六月十日，凌晨五點二十分。艦上傳來響亮的氣笛聲，隨即塔台報告：「本艦現在距離太平島2.8海浬。」

　　聽到這消息，原先昏沉沉的弟兄們都一躍而起，爭先恐後衝向甲板上想一探究竟，這時霧茫茫的大海中已出現微光。隨著天色變亮，視線也逐漸清楚起來。看到的是一座被白色沙灘環繞，林木翁鬱的小島，從遠處看去就好像一個白色大玉盤上盛滿綠油油的花椰菜一樣，岸上有不少人正在忙東忙西，看樣子是要準備接駁我們上岸。

↑　傳說中的太平艦的錨

↗　記得當天氣溫高達攝氏43度

↗　登島後的情形並非當初我所想像的

　　以前我也曾去台灣的外島觀光過，但那些島嶼的景色根本不及這裡的一半。當下我終於可以體會幾百年前，葡萄牙船隻經過台灣時，高呼「Ilha Formosa！」這句話的感覺了。

　　早上六點整，大家吃過簡便的早餐後，原先寧靜的甲板逐漸忙碌起來。大家搬運行李、礦泉水、食物等物資忙得不可開交，海軍學長們也訓練有素的迅速清點救生裝備。

　　八點五十分，軍艦停泊在距離太平島約一海浬左右的地方，並降下尾部的門閥，準備載我們上島的膠筏已等候多時，所有人穿上救生衣乘上膠筏朝目的地──南沙太平島前進。

登島。

　　「真想不到這裡還有這麼先進的船隻，我還以為我們要和蘭嶼的達悟族一樣划獨木舟上島咧！」正當心裡這麼想著時，膠筏發動了。

　　我的天呀！沒想到竟然有這麼藍的海，這麼壯觀的天空。沿途波浪濺起的白色泡沫就像開香檳般歡迎我們到來。目光移向海面，那清澈見底的寶藍色海水中，各種熱帶魚四處悠游，海面波紋在艷陽照耀下呈現一片波光蕩漾，顯現出這座島嶼不受人為污染的生命力。

　　隨著距離島嶼越來越近，我的情緒也越來越高漲，因天氣晴朗，航行順利，約十分鐘左右膠筏順利抵達「南星碼頭」。

踏上沙灘時我簡直不敢相信眼前所看到的，怎麼會有這麼雪白無瑕的沙呀！沙灘上散落著各式色彩繽紛的珊瑚碎片和貝殼，在本島根本看不到這種景象。島上長滿各式的綠色植物，椰林聳立，在陽光照耀下煞是好看。

　　這時迎面而來一群膚色黝黑，手提大包小包行李準備下島的學長們，笑著說：「學弟們，歡迎來到惡魔島。」白肉底的我心想：「天呀！我也會晒的和他們一樣黑嗎？」

　　在船上昏睡三夜的我深深吸了一口氣，一股「南島風情」的氣息飄散而來，湧入我的五臟六腑，舒服極了。這時我已按捺不住那股鼓動的心，不顧旁人大喊：「南沙太平島，我來了！」

事與願違

　　島上還真不是普通的熱，本以為攝氏36、37度就已經夠熱了，沒想到這裡竟然可以常達45度以上，熱到我連飯都吃不太下，只想猛喝水。來到太平島不到五個小時，就被蜜蜂螫傷，成為我們這梯第一個前往「全國最遠的醫院」報到的人。

　　上島前關於這裡的任務有多涼的種種傳聞，在上島後馬上不攻自破，所有人的行李都受到嚴密的檢查，凡是違禁品一概全部被沒收。三十九名弟兄當天就被分散到五個區隊裡，隔天馬上就有做不完的工作等著我們。

　　坦白說，這裡對軍紀和勤務上的要求，一點也不輸給台灣本島，甚至可說高於本島也不為過，完全不是我當時所想像的，每天就是踏踏沙灘、玩玩海水、撿撿貝殼、喝喝椰子水、看看星空，快快樂樂的等著回台灣就可以了。

戀空是這種感覺嗎？

火傘高張。

　　當我踏上這座島不到十分鐘就告訴自己：「我後悔了。」因為這裡和我所想像的落差太大，當初我真的不該逞英雄舉手自願登島。

　　六月份正屬夏季開端，每到這個時候光在台北只要不開冷氣或電風扇就會讓人覺得很受不了了，更何況是在這烈日直射下的南方小島。上島當天氣溫高達攝氏43度，對出生在台灣北部的我來說根本無法適應，加上體重過胖，轉眼間一個胖子因過熱流了滿身臭汗的痛苦可想像而之。

全員上岸後大家在航道口的鋼棚內等待下一步指示，時間漸漸接近中午，氣溫也隨之炙熱爬升，空氣中飄散著陣陣的熱風，原先讓人感到賞心悅目的海景和椰林，這時反倒給人一種嫌惡厭惡的感覺，剛上島時原本很開心的大夥們，這時一個個默默不語、眼神黯淡，就像是快要昏厥過去一樣。

約莫半小時過後，我們又被帶到鐵皮屋製成的中山室待命，室內就像一個超高溫烤箱一樣，比外頭更加悶熱，僅有的一台小型電風扇根本無法幫那麼多人散熱。起初，很多人的想法是上島後會有一群學長們笑著對我們說：「歡迎來到全國最涼的單位」，緊接著馬上會帶我們到陰涼處避熱休息、喝涼的，所以沒人帶水下船。面對不熟悉的環境，在兩個多小時滴水未進的熱帶氣候下，大夥開始有些焦躁不安、胡亂發牢騷。

島上真的不是外界所想的那麼涼。

從來沒想過我會來到這麼熱的地方

食不下嚥。

　　痛苦的時間總是過得特別慢，手上的錶就像老牛拖車一樣，滴滴答答的好不容易指向十一點半，這時所有人已是飢腸轆轆。恨不得能夠衝上船去把早餐剩下的饅頭全搬下來啃乾淨。上帝似乎是收到我們求救的訊號，不久後隨我們上島的一位長官，引領所有人進餐廳用午餐。

　　沒想到這裡的餐廳是這麼的漂亮，前方貼著一塊水藍藍的海景，給人一種清新涼透的感覺，海面上羅列著一排ㄇ字型的拱門，在大海的襯托下形成一幅漂亮的景色，長官說這是南沙著名的景點之一「舊棧橋」。最令人開心的是吃飯時還開著二十噸的超強冷氣，讓原本熱昏頭的我覺得自己好像獲得重生般，一股舒適感不自覺地湧了上來。

　　這天除了新兵上島外，也是副局長和諸位長官巡視這座島的日子，我們稱之為「軍艦視導」。為此，廚房特地舉辦餐會接待，也算是為我們洗塵。主菜是日式「鰻魚飯」，其他配菜像是「清蒸虱目魚」、「紅燒牛腩麵」、「梅干扣肉」等，所有的菜餚都相當精緻。只可惜先前的酷熱已經對我們造成「蝴蝶效應」，絕大多數人對這些擺在眼前的美食似乎提不起太大的興趣，而是把那一杯杯清涼的麥茶拼命往肚裡灌，藉此降低體內的溫度。

上島當天因水土不服，
食慾全無，只想喝水。

用餐期間，局長連同指揮官、副指揮官到各桌向這天上島的弟兄們問候，到我們這桌時，副指揮官突然說到：「聽說你們這梯有個唸日文研究所的是哪一位？」這時所有人的手指不約而同的指向了我。

「難道是我做錯了什麼事嗎？」正當我這麼想時，副指揮官親切的笑著說：「假如有日軍搶灘時，我們再請你來當翻譯……」天呀！這不是要我的命嗎？我不由得的大笑了起來。

歡樂時光總是短暫的。飯後，副局長等人對我們說了幾句勉勵的話之後便啟程回台灣本島，全體軍官弟兄整好衣著站在南星碼頭列隊恭迎他們離開。臨走前有名長官還說：「好好體驗這裡的生活，回去時可以寫一部和南沙有關的武俠小說。」看著軍艦緩緩歸航，逐漸消失在海平線，讓人覺得有種「結束」的空虛感，卻也是新的開始，一扇前景未知的大門正為我敞開。

檢查行李。

軍艦離開後才沒多久,大家最擔心的事情就來了,長官們要所有人拿著自己的行李到健身鋼棚集合準備做安全檢查,簡單來說就是要檢查有沒有違禁品,舉凡生活中常用的MP3、隨身碟,PSP等娛樂用品都是違禁品的管制範圍。

想當初大家為了攜帶這些東西可說是奇招百出,有人把PSP用密封袋包起來藏進盒裝的白蘭洗衣粉裡、有人則是把MP3藏在罐裝品客洋芋片內,甚至還有人為了攜帶多功能手機,特地將鋁箔包飲料底部劃一個缺口,將手機藏進去並塞滿衛生紙或棉花,再用瞬間膠封起來和其他飲料混在一起,想要瞞天過海。

由於長官一再強調:「有攜帶違禁品的人,最好現在就給我乖乖交出來,誰要是沒交出來被抓到的話,東西不但要充公,而且就準備給我倒大楣了。」所以大多數人都深感心虛,不敢抱持心存僥倖的心態,一個個自動的交出違禁品,表情顯得相當鬱卒。面對堆積如山的違禁品,長官並無寬容之意,要大家在自己的東西上貼上姓名,然後統一集中收起來,並告知大家會在下島時歸還。

南沙醫院整潔乾淨的迴廊。

分發區隊。

　　緊接著影響往後半年在島上生活的重要事情來了，那就是「分發區隊」，島上沒有居民，雖說附近有其他國家像是越南、中國、馬來西亞等占據的島嶼，但和我們並無來往。一切大小事務，都必須仰賴大家去完成，每個人會被分派到不同的區隊，分配到不同的勤務，共有「警衛」、「派工」、「水電」、「通電」、「膳食」等五個區隊，這裡「軍人就是島民，島民就是軍人。」由於我在民間的專長是日文，島上根本派不上任何用場，所以被指派到警衛區隊，負責看海守望的工作。

　　另外每個區隊都會由一名士官長負責督導，一名分隊長（又稱排副，相當於陸軍的副排長）負責帶領，島上的軍階和本島比起來有種十分特殊的景象，那就是兵以上最小的官階都是上士起跳，未曾見過下士或中士的身影。我猜想這應該是因為南沙地處遙遠地帶，軍心一旦渙散唯恐覆水難收、難以約束，所以都得由經驗相當的士官來帶領吧！

蜜蜂紋身。

　　南沙醫院的前身為南沙醫務所，於民國五十二年十二月興建完成。八十九年由海巡署接管，並於九十一年成立南沙醫院。院內備有多項先進醫療設施，可提供完善的診療服務，並具有重症緊急處理能力，同時為了落實島區醫療照護，醫官會定時加強大家的衛生保健教育，宣導衛生觀念。

　　這梯次新兵當中，我是第一個前往就診的病患，區隊分發完畢後，長官要所有人把個人隨身藥物、盥洗用具等生活必需品拿出來，其餘用不著的東西全部帶至行李庫房內上鎖統一保管。在前往庫房的途中，我突然感覺到頭上有東西在爬動，憑我以往豐富的捕蟲經驗推斷應該是一隻甲蟲吧！便隨手一伸想把牠抓起來看個究竟，想不到右手馬上傳來一陣刺痛，出現一個紅紅的大腫包，緊接著一隻蜜蜂從我面前飛過，像是在嘲笑我似的。

矗立樹林中的白色巨塔。

↑ 比照台灣的看診時間

↗ 最有價值的藥袋

↗ 南沙醫院碑文

　　副指揮官李中校見狀連忙叫旁邊的弟兄們幫我分擔行李，自己則是即刻帶我前往南沙醫院就診。原先我對南沙醫院的診療環境並不抱持太大的期待，心想：「也許和金六結的醫務室差不多吧！不過應該是用茅草搭建而成的。」沒想到出現在我眼前的竟然是一座用鋼筋水泥搭建而成的教堂式白色建築，上頭寫著四個斗大的金色字體「南沙醫院」，看起來還比台北的診所要氣派的多了。

　　副指揮官跟我說：「弟弟呀！這裡的門診時間是早上8：00~11：30、下午14：00~17：30。但是像你這種緊急狀況可以按下這個綠色的看診鈴。」「嘟～嘟～」不久，一位身材高大的醫官從裡頭走了出來，在得知我的症狀後很熱心的請我坐下幫我消毒上藥、包紮傷口，並說：「在這裡平日就診的人以外傷、蟲咬、肌肉關節痠痛居多，被蜜蜂咬傷已是司空見慣的事，毒性並不強，千萬不要緊張！」

幻想破滅。

　　離院後我隨即跟上大家的步伐，進入寢室整理床位、安置物品。居住環境比我當初想像好很多，有水有電、乾淨整潔，住的不是茅草屋而是鋼筋水泥建造的樓房。最慶幸的是高雄訓大的教官說得一點都沒錯，就寢時真的有冷氣可以吹，不然在這種高溫環境下真的會把人給烤熟。

　　寢室裡一群剛午休起來的學長，很友善的打招呼問候，讓我們這群認知中外島就是「學長學弟制重」的菜鳥頓時鬆了一口氣，所有人圍著學長們拋出一個個對於島上生活的疑問。

「學長，這裡的生活是不是和傳說中的一樣滋潤呀！」

「想太多了，你們跟我們一樣都是誤上賊船被騙來這裡做苦工的，以後的生活有得你們去體會了。」

「學長，那我們平常要做什麼事呢？」

「值勤之外的其他時間，就得要到外面工作或是處理自己專屬的業務。」

「學長，制服和皮鞋是不是可以丟在一旁不用管它了？」

「哈哈～那你們可就大錯特錯了，那是每個禮拜四的指揮部晚點名必檢查的東西，制服如果沒燙平、燙出線條，皮鞋沒擦亮的話，可是會被處罰的。」

「學長，島上有福利社之類的嗎？」

「沒有，只能靠一個月一次的『統購』訂東西由運補船送來。」

「學長，這裡除了蜜蜂以外還有什麼危險生物要注意嗎？有沒有蛇呀！」

「沒有蛇，樹林裡有蠍子和蜈蚣，不過咬不死人。還有，這裡有一種叫水泡蟲的東西，只要被咬到會立刻起水泡，沒處理好的話皮膚可是會潰爛。」

「學長，我們什麼時候可以下海去游泳、撿貝殼呀！」

「別傻了！這裡是禁止下水游泳的。撿貝殼的話，中隊長會在每個月挑一次大退潮的時候帶大家去撿，私自跑去的人被抓到的話就等著倒大楣了……親愛的學弟，這裡的生活比本島過得更精實，你們都要有心理準備！」

當晚全員集合點名時，指揮官、副指揮官、中隊長等幕僚軍官所說的精神訓話中都有一句不謀而合的話，那就是「你們這些新兵統統給我聽好了，這裡雖然是外島，但生活絕對不是你們所想的那樣鬆散，不要有人把這裡給我當成來參加夏令營的心態，誰要是不長眼的話，就給我小心點！」

　　這些字眼連同中午學長們所說的話逐漸刻印在我心坎裡，「別開玩笑了，我有沒有聽錯呀！這和我先天所聽到的未免也落差太大了吧！教官不是說這裡的生活就是「作沙畫，撿貝殼，每天都像在渡假一樣嗎？」Yahoo知識裡的網友不也都說南沙生活就是「每天可以睡到自然醒，白天下海去游泳、抓魚，晚上看著天空數星星……什麼事都不用做嗎？」

　　這時，我不得不對這趟「南沙之旅」重新認知，就寢後我倒在床上左思右想，結論是「我真的是上了賊船，早知道就應該留在台灣，我真是個不折不扣的大傻瓜。小說《金銀島》的主角吉姆霍金斯是乘風破浪前往金銀島尋寶，而我則是昏睡三天來到太平島尋苦。」

　　於是，我在太平島的生活從此揭開了序幕……

南沙手札(一)：
度月如年

從來沒聽過除了憲兵隊以外，還有哪支部隊要把皮鞋擦亮到可以拿來當鏡子用；被視為涼缺的打飯班卻是最麻煩的工作；每日點名次數基本值是九次……這些看似不可能的事全都發生了。這裡的每一天真的就如一年那樣的難熬。

我們的身分不僅是「軍人」也是「島民」，睜開眼睛就得曝晒在刺眼的烈日下工作，其餘還有許多勤務等著做，網友曾說這裡的生活就是「白天玩綠蠵龜，晚上數星星。」這實在是太有辱我們的形象了。試問，有多少人知道我們過的是怎麼樣的生活呢？

起初我對這些勤務充滿著抱怨，覺得自己不該來受苦，直到體會這裡的美，還有身體狀況發生奇蹟才改變想法，包含成功瘦身15公斤、血壓回到正常值、輕微痛風石消失，以及多年無法斷根的異位性皮膚炎不藥而癒。

點名九次。

在軍中，長官「點名」就像線上遊戲裡頭的NPC一樣，每回的觸發意味著新場景的打開、新事件的發生，在島上也是如此，每次點名都代表一個新故事的開始。

「起床，……X點X分於XX地集合完畢，解散。」相信凡是當過兵的人對這句話絕對不陌生，前天的疲勞都尚未恢復就被長官洪亮的聲音從夢境拉至現實。不知是不是這座與世隔絕的小島具有讓人「自然醒」的魔力，島上沒有公雞報曉，但每天早晨都不用有人喊「起床」、也不需吹哨子，所有人都會在凌晨五點半自然醒來，盥洗完畢後到指揮部前集合，等待排副早點名，準備升旗，開始新的一天，每個人都很準時，鮮少有人遲到過。

「四清兩點、五查三找」是一句起源於軍中值星勤務的諺語，所謂的「兩點」指的是早點名及晚點名清點人數，但普遍來說大家都不怎麼喜歡這兩段時間，因為早上起床肚子餓得咕嚕咕嚕叫，只想趕快吃早點，晚上則是想趕快上床抱棉被休息，點名往往會浪費掉些許的「寶貴時間」。不過要是來到南沙就不只是這樣，因為這裡點名的次數遠超過本島，一天多達九次。

早、晚點名只是在這一天的開始和結束，其他還得歷經「早上打掃完點名」、「午餐前點名」、「午休起床點名」、「午後工作結束點名」、「晚餐前點名」、「晚上打掃前點名」、「就寢前晚點名」。

　　點來點去簡直是頭昏眼花，起初很多人都難以適應這種點名模式，常在質疑「島上不管怎麼跑還不都是那幾個地方，就算你的泳技再怎麼高超，想逃兵也沒地方去，何必這麼大費周章地點九次名呢？」

　　這個疑問後來傳到中隊長的耳裡，某次晚點名時，他嚴肅的告訴我們說：「這座島雖然不大，但是樹林密布，萬一你們誰不小心在半路上被掉下來的椰子打到昏倒在樹叢裡，還是說意外落海，一時之間還真不曉得該從哪裡找起？我知道很煩，但為了安全起見，還是得請大家遵守一天點九次名的規範。」

苦哈哈的打飯班。

　　當過兵的人都知道每個連會有一到兩個班被選為打飯班，在所有人進餐廳用餐前事先把餐盤給打好，是個不錯的涼缺，當別人還在大太陽底下操練，你可以先腳底抹油落跑，趁沒人注意，還可以先偷拿幾塊肉餵餵打了好一陣子鼓的肚皮。

　　由於工作人手不足的緣故，每個區隊都會輪流當打飯班，但比起在本島，卻是一點也不輕鬆。譬如打飯班在島休期間仍然得準時去打飯，不能就丟著不管，時常還在『夢周公』時就被其他弟兄叫醒，睡眼惺忪的去打飯。

　　當過打飯班的人都知道「小洗」和「大洗」是最累的工作，所謂的小洗就是在飯後負責洗多出的碗盤、杯子、湯瓢等餐具，還要兼顧餐廳的整潔維護；大洗則是要清洗飯鍋、湯桶等大型炊具。

駐軍換防時的招牌菜－鰻魚飯

　　但這裡打飯班人數可不比本島來的那麼多，每個區隊扣除站哨、執勤人員，打飯班人數大多只有七到八人左右，由於大家用餐後只需清洗自己的餐盤，其餘都是交由打飯班負責，所以要清洗的餐具數量相當驚人。大家最怕在餐會時輪到當打飯班，因為望眼過去盡是疊得像山一樣高的餐具，而且還要清洗整個廚房，往往得耗費掉許多的時間。

即使是島休還是得來視察一下作物的生長情形

由於落實清掃落葉，使得島區環境變得更加乾淨整潔，蚊蟲也減少了許多。

日薪373元的工人。

　　島上沒有半個居民，更不可能聘請鄰國的人來當外籍勞工，日常生活中大大小小的事情都得靠軍人處理，部隊中五個區隊的運作影響整座島的生活品質：

警衛區隊。

　　全島第一防線，職責為守望勤務，其餘時間為清理「環島生態步道」上的枯枝落葉，並清除全島多餘的樹木、雜草。另外，維修腳踏車也是警衛區隊的主要職責之一。

　　「警衛區隊」堪稱精神壓力最大的區隊，由於太平島附近海域生態良好，加上目前政府並未開放民間漁船作業，也不像東沙海域因受到大陸漁民炸魚的影響破壞了生態，所以南沙海域仍舊是個尚未開發的處女地，其原始生態是台灣任何地區都無法比擬的，漁業資源相當的豐富。

　　也因此鄰近像是中國、越南的漁船早就對這裡的漁業資源虎視眈眈，警衛區隊在守望值勤時都得戰戰兢兢地觀看海面，以防有他國漁船意圖越境捕魚，倘若有的話得馬上通報、進行驅離。

　　警衛區隊的工作時常要進入樹林裡，島上蚊子很多，防蚊液起不了什麼作用，大家往往被叮的滿身都是包。也有人時常被躲在藤蔓裡的蜜蜂螫傷，最高紀錄是一次被螫十個包。蠍子也是樹林裡的常客，隱蔽在枯黃的落葉下，只要稍微不注意就得到醫院報到了。

有血路之稱的環島生態步道。

派工區隊。

　　島上的粗工，從「生態保育步道鋪設」、「大小車輛維修」、「塗油漆」、「焊鐵」、「土木工程」等各項建設，全由他們一手包辦。

　　「派工區隊」雖說生活作息最正常，但每天的工作真不是人在過的，常可看見派工弟兄們打著赤膊在火紅的烈日下「作工」。印象最深刻的就是島上的環島生態步道，話說這步道是條血路一點也不為過，全都是由派工弟兄們搬來一塊塊厚重的高壓磚鋪設而成，這當中有血有淚，有一陣子常聽他們說：「鋪到都快哭出來了。」有時還發生有人被落下的重物砸傷的情形。

水電區隊。

　　水電區隊是全島的心臟命脈，水電兵平時除了要在水電廠執勤外，還肩負著維護供應島上水和電的機器、架設水電設備及鋪設水管、建設化糞池等重責大任。

　　晚點名時常可聽到長官說：「哪裡的……又壞了，請水電兵明天馬上去維修。」所以每天從早到晚都可看到水電兵為了維修、保養機器在島上四處奔波的情景。

通電區隊。

　　負責維修島上「監視器」、「電腦」、「電話」等通訊儀器及線路，並鋪設灑水系統、培育每一塊土地的綠化工作，島上所有椰子樹栽種及著名的「開心農場」，全出自他們之手。

　　「通電區隊」的執勤時間比警衛、水電等區隊要來得長，雖說這段時間可以不用外出工作，但長久下來對身體還是個負擔，大家都面色蒼白，還有人因皮鞋穿過久，加上超級溼熱的天候而得了「香港腳」，直到下島時都未治癒。

膳食區隊。

　　島上的伙頭軍，負責張羅所有人的飲食起居，內場要負責食材的保鮮、調味是否平衡，外場則要注意不能讓蒼蠅或任何異物掉進食物裡。

　　「膳食區隊」雖說只要負責張羅三餐，但他們的壓力絕不亞於任何區隊。長官常說「飲食一旦沒管制好可是會出人命的！南沙醫院的病床根本不夠大家躺！」所以調理飲食上得格外謹慎，只要稍出差錯就會受到嚴厲的處分，同時這些伙頭軍也是最早起床、最晚就寢的區隊。

　　各區隊都有它辛苦的一面，絕對沒有哪個區隊是比較輕鬆的，每人早上醒來就是為島上奉獻一天的開始。因為人手不足的關係，各個區隊縱使在完成自己的工作進度後也不能馬上休息，只要還在工作時間內，就得前往支援其他區隊，大家在這種經常互助合作的環境下東幫西學，久而久之都成了各種工事的高手。

皮鞋達人。

上島前常在網上看到許多與這裡相關的不實流言，原先以為在南沙「皮鞋」將失去它的功能被擺在一旁，只有軍機或軍艦視導時，才會派上幾個小時的用場。但萬萬沒想到島上的長官相當重視服裝儀容，皮鞋是經常被突襲檢查的項目，所以學長教導學弟們的第一件事就是「擦皮鞋」。

「擦皮鞋不就是用鞋刷沾鞋油，把鞋面擦黑就沒事了嗎？」如果你是這麼想那就大錯特錯了。

島上的指揮官連同好幾名士官長在內都是憲科出身的，憲兵講求的就是「乾淨、整潔」，所以對我們的服儀要求甚是嚴格。尤其是身為本島第一門面的「警衛區隊」，在服儀要求上比其他區隊嚴格許多，歷屆有這樣一句話流傳著：「警衛區隊的皮鞋亮到可以當鏡子用。」對警衛的弟兄們來說這是份榮耀，也是種「獨門功夫」。

其他區隊如果有人皮鞋擦不亮該怎麼辦呢？「沒關係，去請教警衛區隊的人就對了，因為他們各個都是擦皮鞋高手，也很樂意傳授這套功夫。」

如何擦皮鞋呢？首先要用刷子沾鞋油均勻塗抹在皮鞋上，接著用化妝棉沾鞋油及少量的水，再以順時針或逆時針方向擦拭鞋面，慢慢擴大範圍。

步驟看似簡單卻很難上手，擦得太用力會產生油屑和刮痕、水沾太多鞋油會糊在一起等等。看學長們做得很輕鬆，但我們這群菜鳥一開始因為抓不到技巧，皮鞋不但沒亮，反而越擦越髒。

　　好在學長們人都很好，熱心的告訴我們三個小撇步，那就是「鞋油別沾太多」、「用國軍專用的鑽石鞋油」、「讓太陽融化鞋面上的鞋油後再擦拭」。

　　皮鞋是長官每週必定檢查的項目，記得剛上島的時候，大家每天用完午餐後都沒休息，而是坐在一起聚精會神的擦皮鞋、互相交流怎麼樣才能擦得更亮的技巧，覺得今天的進度有比昨天更精進才去休息。

　　不出兩個禮拜，大家的努力得到明顯的成果，每個人的皮鞋都亮到可以當鏡子用，真的一點都不誇張，甚至連牙齒都能照得一清二楚，而且就像學長所說的「從擦皮鞋的過程可以學到如何磨練自己的耐心和心性，拉近同梯兄弟間的感情，讓自己更有所成長。」

指揮部晚點名。

　　每週四晚上舉行的「指揮部晚點名」，是晚點名的加強版。這天晚上非同小可，全體岸巡中隊的官兵們，連同南沙醫院的醫官在內都要出席，而且本島的「大BOSS」也就是平時因公務繁忙較少和大家接觸的指揮官會在今晚準時出現，作全員點名並和所有人做精神訓話。

　　指揮部晚點名的前天是大家最忙碌的時候，倘若晚點名當晚給指揮官留下壞印象的話，往後的日子不用說可想而知。所以這天皮鞋除了要擦得比平常更光亮四射外，制服和西裝褲更是要燙到最高標準，最重要的是當晚的精神達數、歌唱、答有聲等都要比平時多出三倍的聲量。套一句排副長說的軍中老掉牙話「不打勤、不打懶、專打不長眼」，各個區隊要是這天沒達到自己的士官長或是排副訂定出來的標準，可是會受到懲處的。

　　說句實話，起初我還滿討厭指部晚點的。時間比平時的晚點名多半小時以上，還得抽出更多時間專注的擦皮鞋和燙衣服，沒達到標準還免不了受到責罰，精神壓力頗大，不過久而久之也就習慣了。以前在家從未有燙衣服的習慣，更別說懂得如何使用燙衣板和熨斗。說真的，在島上生活讓我學到不少平時被忽略的生活技能，印象最深刻的是學會怎麼使用砍草刀、鋤頭、釘耙等農具。雖說起初因笨手笨腳搞到雙手破皮、起水泡，但卻給住慣都市的我有一種「反璞歸真的感受」。

晴天和陰天下的沙灘色差相當大。

中隊文書。

　　每個人除了要執行自己區隊裡的共同勤務外，還會被分配到專屬自己的業務，「中隊文書」全名為中隊辦公室文書，這是我上島兩週之後的某天晚點名過後，警衛區隊的吳排副交代給我的工作。

「你有沒有聽說過通電組缺人想拉你過去的事？」
「報告排副，我好像略有所聞。」

「如果在幾天沒有消息的話，你就是中辦的文書了，因為這梯的學歷就你最高，個人資料又寫你會文書處理……」

「學弟，恭喜你呀！中辦可是個涼缺耶！不信的話問你學長阿輝就知道了……」

由於我姓葉，所以往後葉中辦變成了我的代號。不知情的人都認為當文書就是占到一個涼缺，只要待在自己的辦公室裡吹吹冷氣、打打文件、接接電話就可以了。但這句話實在無法套用在南沙的文書身上，中隊文書實在是個吃力不討好的工作，其中的心酸有誰知？

　　中辦文書的工作性質類似公司的行政助理，但內容又非常的繁雜，而且中隊辦公室是沒有冷氣吹的。凡是整個岸巡中隊相關的文件，包含假本、統購、哨表、南巡局要看的教育訓練日誌、電腦輸入等工作，都是交由我一人全權負責。業務以外的時間，也是少不了站哨和在太陽下工作，有時因為時間不足，還得比別人晚睡或者是利用假日時間來處理瑣碎的事情。

　　相較之下我還是比較喜歡從事像是「維修腳踏車」、「刷油漆」、「木工」這類的業務，因為可以學到平日在學校裡學不到的專業技術。

運補。

　　島上沒有居民也沒有販賣部，物資全仰賴每月初的貨船（因載著大量的食物，別名為菜船。）運補。因為每到上個月底，冷藏庫裡的食物已是寥寥無幾，蔬菜泛黃一大半，每餐越吃越差，運補船的到來表示我們的飲食又可以恢復正常了。

　　只要當日天氣不要太差、風浪不要太大的話，通常都是從一大早開始實施運補，對大夥來說，運補是每個月最引領期盼的一天，同時也是最忙碌的時候。每到這天，除了我們太平岸巡中隊，其他像是海軍、空軍等所有單位也會到碼頭集合，一時之間全島動員，好不熱鬧。

餅乾和泡麵是大家每個月最期待的東西

由於運補船吃水量太大無法靠岸，所以船員們會用吊臂將貨櫃先放到一艘小船上，再開著小船駛進南星碼頭，這時岸上所有人會排成數列交錯隊形來搬運物資，第一個開封的貨櫃通常是冷凍食品，只要一搬上岸就會立刻送入廚房的冷藏庫保鮮。如此的動作必須來回重複好幾次，運補的物資除了食物之外，最主要是親友寄的包裹和信件、消耗材、申購器具和大家最愛的統購物品等等。

　　一般來說，運補都會持續三個工作天左右，搬運這些東西是相當消耗體力的，由於島上電力仰賴柴油發電，每回運補都有重達上百公斤的油桶需要搬運，在人力不足的情況下，有一回我們搬了將近三百桶的柴油後，腰酸加上背痛，全身都軟疲無力了。

堆得高高的飲料

　　礦泉水是島上每日的主要飲用水之一，所以搬運上百箱的礦泉水已成為我們的家常便飯。累積幾次運補經驗後，大家的體力似乎也適應了這樣龐大的工作量，久而久之也都習以為常了。

　　另外，島上無法處理的垃圾、廢材及故障機件也是經由運補用大型貨櫃載回台灣本島處理和修繕，避免囤積不必要的垃圾，以確保島區環境整潔，打造一全無污染的淨土。

　　運補結束時間多半是在中午，指揮官非常體恤弟兄們的辛苦，通常在運補結束的當天下午，會讓大家放個假，好好的休息一下。

在40幾度的高溫下掃地就是這種感覺。　右上：無論晴雨大家每天都得和自然環境對抗。

右下：來到這裡才知道原來打公共電話是這麼
　　　幸福的事。

南沙無爽兵。

　　當兵前，長輩常告訴我：「外島就是涼。」於是我以為這裡
應該是個「三不管地帶」才對。加上網路上許多流言，像是「每
天可以睡到自然醒」、「南沙的生活就是白天下海去游泳、抓
魚，晚上看天空數星星……什麼事都不用做。」上島後證實這些
話都是道聽塗說。

　　如果沒有強健的體魄、堅忍的耐力和毅力，想在南沙「生
活」絕非易事。在這裡所有人都得接受烈日的嚴苛考驗，六月正
是夏季開端，平日氣溫高達四十度以上是稀鬆平常的事。

因島上資源有限，任何事都得自己來，全島的長官和弟兄們在完成戰備訓練後，每個人無不是全心投入島區建設上，為使這個島嶼變得更美好，讓下一梯學弟們能有更好的生活環境，大家都毫無怨言在大太陽底下工作，為「南沙太平島」盡一份心力。

島上手機不通，只能靠有限的通訊設備（四台公共電話）與台灣本島聯絡，時常可看到許多弟兄和家人、女友講電話時都強顏歡笑，不希望讓對方擔心，硬是將淚水吞下肚不敢哭出聲。

這裡物資補給非常不便，只能靠一個月一次的貨船運補，大家剛上島時想吃點正餐以外的東西都沒辦法。這時的我好懷念7-11茶葉蛋和關東煮的味道，以前常把關東煮的湯沒喝完直接倒掉，現在我卻好想用力喝它一大碗。

寢室某張床板上貼著一張前幾梯學長留下來的打油詩，叫做「南沙正傳」，描述他們當時在島上的生活。

「來到南沙要認命，做得要死被吐痰。別人出嘴我出力，心事重重誰了解。死撐活撐撐下去，女友台灣等著你。時間絕對是公平，總有一天會下島。」雖然內容誇大不實，但看了卻讓人百般無奈，因為我們每天都是過著本島想像不到的疲憊生活。

三梯以內皆兄弟。

不知是因為長官一再告誡，還是大家身在異地產生同舟共濟的精神，島上並無明顯的「學長學弟制」。

在島上絕對沒有任何一樣勤務或工作是學長在旁納涼，而讓學弟去做，只要工作命令下達，學長們就會帶著學弟一起工作，有人想偷懶立刻會被長官警告，若有學長想「凹」學弟則會被大家「聯合抵制」。

雖是如此，卻不因學長不夠威嚴而無法帶領學弟，學弟們皆很尊重每位學長，見到學長都會主動問好，而學長們也會禮貌回應對方，雖說有時大家會互相調侃，但從來沒發生過吵架更別說是打架事件。

我想這都是指揮官帶領有方以及長官平時的訓誡，「只要在島上，大家都是兄弟。」的結果吧！一些和我同期但在台灣本島當兵的朋友都說學長學弟制很重，有些人還會凹學弟付錢請客，因此只希望學長趕快退伍滾蛋，但是我卻和許多即將下島的學長們建立起不錯的友誼，相信等我回到本島以後，依然會和他們成為好朋友。

下島前最後一次休假的清晨，
這將成為永遠的回憶。

離開太平島的前一個晚上。

發酵。

起初我對這裡的生活相當不滿，覺得自己根本就是誤上了賊船被騙來這裡當苦力，每天的生活就是「中辦、做工、站哨」三部曲。但人就像麵團一樣，時間久了自然會發酵。

隨著時間一天天過去，也許是因為已經習慣，或者是島上的環境優美可以修身養性，我不僅不再心存抱怨，反而開始喜歡上這裡，最不可思議的是居然覺得自己和這島嶼產生了一種說不出的情感。

記得大學時代的日文啟蒙恩師林老師曾於課堂上說過這麼一句話：「當你對日文感到厭倦時，就回想一下當初為何想學日文的出發點。」這句話不就和我現在的心情不謀而合嗎？

　　仔細回想一下，這座小島是多少學者、攝影家想來都來不了的地方。由於家裡經營水族館，一些父親的漁場朋友們都說：「你兒子真有福氣，那裡可是水族界人士夢想中的樂園。」想去亞馬遜河叢林做考察，只要申請通過即可，但如果想去南沙看綠蠵龜和豐富的水族生態，就算你家再有錢也沒辦法。

　　「小葉，你一定要去。回來時再和我們說那裡的故事。」、「那裡可以讓你學會怎樣好好照顧自己，對你來說是種良性刺激，我贊成你去。」、「那座小島是多少攝影愛好者想去的世外桃源，這是佛祖給你的機會，你一定要去看看。」親友們當初的支持和鼓勵再度浮現在腦海裡。我心想如果連這關都跨越不了的話，那不正是所謂的「無顏見江東父老嗎」？要吹牛前總得先有個草稿吧！

　　況且，說句實在話，島上的生活水準比陸戰隊時代要來得好很多，有水有電，住的不是茅草屋而是鋼筋水泥建造的樓房。衛浴設備和飲水也很現代化，原先以為在這兒要洗露天冷水澡、喝淡化海水，沒想到這裡的浴室比訓練大隊的還要好，還有瓦斯可供熱水使用。

　　海水淡化車及二十四小時差壓馬達送水可供應島區足夠的鹽洗用水，水廠裡的RO造水機製造出來的飲用水和在台灣本島毫無差別，也不曾發生過沒水喝的問題。電場內的200kw柴油發電

機等設備更是供應全島二十四小時用電,並非我當初所想像的晚上要提煤油燈或點蠟燭才看的到路。

　　飲食方面更不是問題,廚房內的設施不亞於一般餐館,該有的都有。補給船(俗稱菜船)每個月會送來大量新鮮的肉類和蔬果等食物,卸下船後會馬上送進廚房的冷藏庫保鮮。伙房弟兄們好幾位都持有餐飲證照,掌勺功力都不淺,並非上島前長輩們所說的每天吃罐頭度日。

　　以往的學長們不都一路過來且平安下島,感到疲憊的並非只有我一人而已,與其每天將自己束縛在痛苦的枷鎖裡,還不如放開心胸,為明天的到來而努力。往後我開始會給自己一個快樂的理由去執行長官交代的任何事項,譬如,「站哨是測試自己專注力的方式」、「中辦業務可訓練自己退伍後在公司上班的反應能力」、「做工目的在於流汗減肥有益身體健康」。

隨著時間的推移，我不但開始體會到這裡的美，也喜歡上這裡。來到南沙著實的在我身上發生了不少奇蹟。上島前，我是個將近九十公斤的胖子，現在卻是七十三公斤的好身材。以往的血壓過高和輕微痛風也和我說 bye bye。從小我就深受異位性皮膚炎的困擾，家人帶我訪遍中西名醫都無法根治，但卻在這空氣絕佳的小島上不藥而癒。

　　我很感念這裡帶給我的一切，因為它讓我體驗不同的人生際遇，使得我徹底脫胎換骨。倘若有人問我：「你後悔嗎？」我一定回答：「當然不！來到南沙是我這輩子最得意的事。」

南沙手札(二)：
島休娛樂

「你能想像在全國最南端的小島上唱卡拉OK是怎樣的感覺嗎？」

「你曾感受過在氣溫高達45度的烈日下打球是怎樣的滋味嗎？」

「你知道從海裡撿起一個活生生的大貝殼是讓人多麼的感動嗎？」

「你曾試著從白色沙灘裡找出那潔淨無瑕的極細白沙嗎？」

「你曉得全國品質最一等一的椰子水喝起來是怎樣的幸福滋味嗎？」

這一切全都發生在這裡每個禮拜一次島休的時候。

消波堤海景處是島上雲層變化最多端的地方。

官兵休閒中心。

　　整座島雖沒多大，但沒有長官的帶領是不准擅自跑到海邊，所以島休時就算你再怎麼跑，能看到的也就只有幾個地方而已。因此「官兵休閒中心」便成為大夥兒島休時必去的娛樂場所，也是島上唯一的人工休閒建設，平日因工作關係積壓已久的情緒都能在這裡得到紓解。裡面附有簡單的KTV設備，是弟兄們在島休期間休閒娛樂最重要的建設。

　　「卡拉OK」與「球類運動」是大家島休時最主要的休閒活動，但因為球類活動只能在晴天進行，而唱歌卻不受陰雨限制，所以卡拉OK始終是島上最搶手的休閒娛樂。

　　只要一到休假，官兵休閒中心一大早就會擠滿前來飆歌的人。電腦內裝有卡拉OK點播系統，配有兩支麥克風，還可以用投影機把MV畫面放映在牆上。雖說裡頭的歌曲很多都有些老舊，唱來唱去大多是那幾首，麥克風也常常秀逗，但對這座沒有什麼娛樂場所的離島來說，已經是種奢侈品了。

  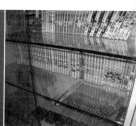

81.82梯學長留下來的畫作　　　HomeKara2　　　　　　汗牛充棟

我們的休閒精神寄託　　　　　　琳瑯滿目的懷舊漫畫

　　電影海角七號男主角范逸臣主唱的「無樂不作」還有「國境之南」，是經常被點播的熱門歌曲，相當符合我們所地處的環境。能在國境的最南端唱歌感覺是件很過癮的事，可惜我不擅長唱歌，因此從未使用過這些設備。

　　除了卡拉OK以外，書櫃裡還放置許多書報、雜誌和漫畫，每月一次的運補船也會帶來上個月的報紙，正所謂「當兵在南沙，能知台灣事」。漫畫種類也很多，從較近期的航海王、火影忍者到較早期的GTO、水星領航員，甚至連我孩童時代的劍擊小精靈都有，每次來這兒就好像置身於時光隧道一樣，有一股濃濃的懷舊感。

　　談到官兵休閒中心就不能忽略一件事：廚房有個傳統，那就是學長下島前的一個禮拜，會選一天幾乎所有學長都休假的時間，由學弟準備一些簡單的點心和飲料，讓學長在招待所唱卡拉OK放鬆心情時享用，算是為學長們餞別，基本上來說都會有飲料、布丁、爆米花、炸薯餅等速食。

球類競賽。

　　為提升休閒娛樂品質，島上設有籃球場和沙灘排球場，並於健身棚放置四組桌球桌。這當中最夯的是籃球，每逢假日都可見到在球場上三對三鬥牛的人。

　　心輔官也會定時舉辦球類比賽，促進部隊的感情。除了籃球和沙灘排球，最熱血的是「草原壘球比賽」，因為大家平時少有打壘球的習慣，幾乎每個人都有機會上場，下個被三振或擊出全壘的人是誰都難以預測，真是替球賽增添了不少刺激，不像籃球和排球比賽，為了獲勝，上場的多半是少數厲害的幾個人。

　　參賽隊伍共四支，「警衛區隊」、「水電膳食聯隊」、「派工通電聯隊」和島上所有長官們組成的「幕僚隊」。

水電兵對伙頭軍

最後一擊失手，一分飲恨。

警衛區隊因曾有參加過棒球隊的兩名學長承傳精湛的球技，所以壘球可說是他們的強項，我在島上期間，警衛區隊的壘球場場奪冠，只有拿過一次亞軍。

　　反之在籃球方面，警衛區隊在我們這梯進來前幾乎都是場場墊底，聽說之前比賽有一場開打不到十分鐘，就被二十比四，慘敗收場。但我們此梯進來後，因為多了幾名較會打球的弟兄，因此大多能維持在第二名，總算扳回一點顏面。

　　但到底籃球還是「兵多將猛」的幕僚天下，光是心輔官和中隊長就已足夠讓我們吃盡苦頭了，服役島上這半年從來沒看他們輸過，只有一次被水電膳食聯隊逼到死角，但還是以一分險勝，所有和幕僚交手過的區隊都無法打破這個不敗神話。

　　凡是得到前三名的隊伍皆能在餐會時接受表揚頒獎，第一名可得到三箱鋁箔包飲料，第二名兩箱、第三名三箱。飲料多為麥香系列的紅茶、綠茶和奶茶，雖然獎品很便宜，但對在這物資有限的小島弟兄們來說，已經是種很享受的奢侈品。

生態考察活動的目的可不是只有撿貝殼而已喔！

國寶級植物棋盤腳

生態考察。

　　為了安全起見，平時大家不能隨意去海邊，擅自亂跑被抓到將會受到嚴厲處分。所以「生態考察活動」是大家唯一可以追逐海浪，享受南沙海景的機會。

　　隊長每月都會選一天大退潮並配合多數人的休假舉行生態考察活動，由長官帶領，統一前往最安全的島東海域去踩踩海水、撿拾貝殼，但其中最主要的目的在於勘查島區附近的生態是否遭到破壞。

　　「陸上有蠍子蜜蜂，海中有致命海蛇。」是醫官經常宣導的一句話，被蠍子蜜蜂螫到，只要到南沙醫院擦個藥，服用幾天抗

生素就沒事。但海蛇的神經性劇毒，卻足以讓一頭大象在短短的十五分鐘內倒下，更何況是人類。

「這裡有眼鏡蛇、龜殼花和百步蛇的血清，遺憾的是並沒有海蛇的血清，萬一有人不慎遭到海蛇蛇吻的話，趕快到廚房拿菜刀吧！或許還有那麼點活命的機會。」長官一再告誡腳上沒穿溯溪鞋的人絕對不能下海去撿貝殼。

太平島的海域真是百看不膩，無論何時都能呈現出不同的風貌。退潮後出現的是整片難以想像的漂亮珊瑚島礁，不受污染的海域使得礁盤上長滿各種的藻類和海草，水位降低後就是整片想像不到的豐富生態。除了各式色彩繽紛的熱帶魚、蝦蟹、海膽、章魚等海洋生物以外，最讓我訝異的是豐富的珊瑚和海葵生態。

活動結束後得將腳上的鹽分洗淨才能進寢室

棋盤腳又被大家稱作海上的肉粽。

俗名六腳貝的水字螺

活生生的海膽

台灣各地的海域我大都去過，看到的景象總讓我覺得以往在坊間水族館看到的珊瑚和大型海葵只能在較深的海域才能看到，但站在這裡卻讓我大開眼界，覺得當初自願上島是對的，因為真的沒有白來。

　　那一叢叢漂亮的珊瑚就在我腳邊，小丑魚躲在海葵裡的景象以往也只能在水族館才能看到，但這裡一隻隻的小丑魚卻從一整片的海葵中探出頭來，就好像在跟我打招呼一樣，原來真正的大自然距離我是這麼的近。

　　這裡的貝殼生態更是絕佳，當在台灣本島的海邊玩時，能撿到半個手掌大的貝殼就要偷笑了。但是這兒卻隨處可撿到只有在海洋館或漁港才買得到的大貝殼，「珊瑚蛤」、「車渠貝」、「水字螺」、「千層貝」、「寶螺」、「干貝（俗稱心貝）」等等活生生的貝類就躺在我手心，讓人覺得驚奇不斷。

　　岸邊的白色沙灘因海浪沖打上許多貝殼，很多都美麗純白到不禁由衷讚嘆大自然的神奇，有時還能看到活化石「鸚鵡螺」、國寶級植物「棋盤腳」的種子被沖上岸。如果要用一處地方形容這兒的美景，那就只有電影「藍色珊瑚礁」中男女主角所生活的那座與世隔絕的小島才能媲美吧！

　　可惜為了生態保育，長官深深告誡所有人千萬不能將貝殼帶回台灣本島。不過這樣也好，因為它們本來就不屬於其他地方，讓它們留在這片無人為污染的海域才是種真正的美，不是嗎？

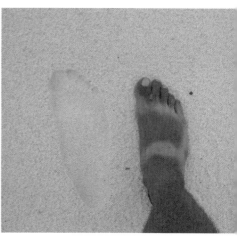

濾沙。

　　「白色珊瑚沙」是島上的特產之一，不知是從何時起，學長們開始流傳這項活動，目的是把珊瑚沙中最細的沙子過濾出來，人言「工欲擅其事，必先利其器。」，濾沙道具的準備是少不了的。

　　要製作濾沙器，方法很簡單，把喝完的寶特瓶剪半，套上絲襪即可完成，為了篩選出最細的沙，通常會套上兩層以上的絲襪。另一種方法更簡單，那就是使用廚房中常見的「濾網盤」。

　　濾沙是件蠻費工的事，首先得將沙子洗淨，去除過多的鹽分和雜質，然後放在太陽下晒個兩三天讓水分蒸發，然後再放在濾沙器上開始作業。這是個必須看老天爺臉色的工作，倘若天公不作美，好不容易辛辛苦苦濾好的沙子就會被雨水弄髒，一切付諸流水。

❶鋪砂 ❷晒砂 ❸濾砂預備 ❹去蕪存菁 ❺細如麵粉
❻細緻的白色珊瑚砂 ❼不易取得的貝殼砂

　　開始作業時，通常都會準備一張舊報紙將細沙濾在上面，再從漏斗倒進寶特瓶內，步驟很簡單卻不易作業，因為力道過大會讓沙子灑到外面，太小又沒效率，所以初學者對力道的拿捏是很重要的。一般來說，技術純熟後，裝滿一個1500c.c的寶特瓶要花上一個鐘頭左右的時間。

　　此外，島上還有一大片由珊瑚碎片沖積而成的沙灘，當中摻雜著大量的小貝殼，直徑多半不會超過零點五公分，稱作「貝殼砂」。有些人會拿小夾子將這些貝殼挑出來裝在小玻璃瓶裡，就像觀光地常在賣的商品一樣非常精緻漂亮。但這比起濾珊瑚沙需要費上好幾倍的時間，據說等你挑完一個牛奶瓶的貝殼砂時，就可以準備下島了。可惜這些砂和貝殼一樣是南沙生態圈的一部份，一粒都不能帶回，只能當作是娛樂。

採椰子。

　　以前喝過的椰子汁不是台東親戚送的，就是在COSTCO買的，但這裏卻能喝到最新鮮的現摘椰子，親身採椰子對我來說也是種難忘的體驗。

　　起初我和椰子是無緣的，一是害怕被椰子砸到危險，二是對椰子一知半解，萬一採到未熟的椰子等於浪費資源。其次就是椰子樹相當高，我們又不可能像猴子一樣爬上去，所以始終無人採食過椰子，都只能站在樹下「望椰止渴」。可是，當親切大方的馬叔上島之後，情形可就不一樣了。

　　某天島休中午，我和同梯的「理髮兵」阿凡達頂著炎熱的太陽，沿著生態步道正前往島休的娛樂勝地－－官兵休閒中心。「實在是有夠熱的，眼前那麼多椰子卻沒有半顆能喝，這倒底是個什麼樣的世界呀！」我邊走邊抱怨著。這時，我們的右後方傳來一陣喊叫聲……

　　「喂！兩位小兄弟，要不要喝個椰子汁退火呀！」轉過頭，一名身材矮小、皮膚黝黑的中年人正站在椰子樹下對著我們打招呼。

比小公寓還高的椰子樹

　　「你們好，我叫二馬，也可以叫我馬叔，是這次跟菜船回來

❶高不可攀的椰子　❷朝著椰子的蒂砍下去

的洋局長官，以後想喝椰子水就來找我吧！」說著便把一顆處理好的大椰子送到我們面前。

「謝謝馬叔。哇塞！這椰子汁真是有夠好喝，比我在超市買的好喝太多了……」

「哈哈，像你們這種年輕力壯的小夥子，要是想女人想到發熱的話，就要喝口椰子汁退退火。來來來，我教你們怎麼採椰子吧！」

原來，採椰子時要先在長竹竿上綁一支砍草刀，技巧就是朝著椰子的「蒂」砍下去，如此一來，椰子自然很容易掉下來。不過，要看清它掉落的方向，萬一不小心被重力加速度落下的椰子砸到，那可是很痛的。

❸現採的大椰子　❹殺椰子　❺開天窗　❻清涼退火的椰子水

　　馬叔還說：「殺椰子也是有技巧的。記住，首先要用刀子削去較尖的一面，然後在上面打個方形小洞，這就是所謂的『開天窗』，接著就可以馬上喝到清涼退火的椰子汁、吃到新鮮天然的椰仁了。」

　　食物當然是要吃最道地的，太平島的椰子果然和其他地方不一樣，不但味道格外的香甜，而且份量十足，平均一顆可用1500C.C的寶特瓶裝滿，椰仁又厚又紮實，吃起來滿嘴芬芳，充滿南方熱帶小島的味道，實在過癮！

　　馬叔是個略懂看相的人，偶爾會幫我看看掌紋給我一些未來的建議，下島後只要想起當時的情景都會覺得好懷念，不但喝到現摘的椰子水，還認識馬叔這位忘年之交，真是感到不虛此行。

椰殼煙灰缸。

　　島上布滿許多散落在椰子樹下的枯黃椰子，這些椰子假如是在台灣本島，恐怕一點利用價值都沒有，只能任憑發爛腐壞，最後成為大地的肥料。但在這個地方，這些椰子殼都能「化腐朽為神奇」，一個個成為島上著名的手工藝品——「椰殼煙灰缸」。

　　早在上島前，就曾在高雄訓大聽教官提過有關「椰殼煙灰缸」的事蹟，剛上島沒多久便開始向學長們打探，想要得到它的製作配方。可惜的是椰殼煙灰缸是派工區隊學長流傳下來的「不外傳技藝」，其他區隊根本沒人知道製作方法。

有一次我撿了顆覺得還不錯的椰子，費勁「九牛二虎之力」想把椰子皮剝開，於是向工具庫房借來一支砍草刀，天真地以為一刀劈下去就是成品了，結果當然是不了了之，椰殼整個碎裂在地。

所幸我和派工的同梯弟兄有些交情，下島的前三週，很幸運終於有機會參與這項工藝品的製作。沒想到，製作椰殼煙灰缸是一件非常吃力的事，一個人的力量有限，多半要四至五人一起分工合作進行。

椰殼煙灰缸製作秘笈大公開：

Step 1

首先是選擇合適的椰子，並不是所有椰子都能拿來當製作材料。外殼枯黃底部較圓的「老椰」是最適合的材料，因為椰殼往往較大，上面的紋路也比較深邃、漂亮。

Step 2

用螺絲起子把椰皮剝開，取出椰殼，並將椰子水倒乾淨。

Step 3

用刨削器把椰殼表面磨光滑，這個工作滿危險的，所以都由擅長木工用具的派工弟兄進行。

用鋸盤把椰殼切半，並使用一字起取出椰仁，這是相當費力的工作，因為一不小心就會把椰殼弄裂，所以要特別謹慎才行。

用鋸盤把椰殼的洞口磨大，可方便黏着，接著在上邊緣切出四個架煙口後，用瞬間膠黏成「聖杯」的形狀便大功告成。

底部磨光滑

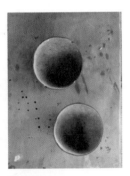

半成品

完成品

　　椰殼煙灰缸是蠻搶手的東西，不會做的人通常都要用好幾罐飲料或半包菸才換得到一個。我總共做了五個，由於家裡沒人抽菸，所以這些椰殼菸灰缸都成為過年時裝糖果的容器，親友們都說看起來很特別、很雅緻。

南沙手札(三)：
太平八景

「全國最遠的觀音廟」

「全國唯一林立在海面上的棧橋美景」

「全國最具歷史價值的紀念碑文」

「真正國境之南欣賞日出日落的美景」

「全國之最的海岸線」

國境極南太平島的絕色美景將為您一一完美呈現。

文化公園。

　　上島前我的五專同學Grain曾在我的Facebook留言：「我弟當初也和你一樣是自願去南沙的，他說那裡每天的工作就是『蓋公園』，女生也不用擔心男友會劈腿，因為島上除了一隻母狗以外，其他都是公的⋯⋯」，當時他所說的公園就是這座位於島南右方，鄰近棧橋頭的「文化公園」。

　　文化公園的建立源於民國九十五年島上太平機場建立期間，因跑道需要便將歷年來的「碑文」、「紀念碑」拆除。為了有效保存這些珍貴的歷史文化遺跡，於是將各式紀念碑移至島南建立現今的「文化公園」。

太平島紀念史畫

海疆砥柱

海軍南沙守備區　　　　　　　　　日軍侵佔太平島的證據

　　每座碑文的背後都有它的一段歲月故事，目前園內共有「日
軍占領南沙太平島的證據」（民國二十四年）、「海軍南沙守
備區」（民國四十五年六月五日太平艦至此立碑，並派陸戰隊
鎮守。）、「南疆屏障」（民國五十六年十月中國青年反共救國
團至南沙設立）、「收復南沙太平島紀念史畫」（前內政部長吳
伯雄於民國八十三年贈本島）、「海疆砥柱」（前行政院長唐飛
先生於民國八十七年蒞島宣慰官兵時所題）、「南沙文化公園」
（於民國九十五年十一月竣工，由海巡署立牌紀念。）等等六座
重要碑文。

全國最遠的公園

　　島上休憩場所有限，文化公園自然成為島休時，大家常來漫步的半人工休閒區，園內除了豎立碑文以外，還精心規劃種植了許多熱帶島嶼特有的植物，讓人在欣賞碑文、弔慰先烈的同時，也能感受到最純正的大自然味道。

南沙史略內文

　　入夜後，這裡便成為全島觀星最佳的地點，晴朗廣闊的夜空中出現無數的星星閃耀著，這種畫面就是典型的南方小島美景。

白雲間，蒼樹答

思安亭。

　　同樣是在島南的「思安亭」位在距離文化公園約二十公尺處的右側，詳細興建原由並不很清楚，只知道是興建於前指揮官倪安斐指揮太平專案的期間。

　　至於為什麼叫思安亭，個人的猜想是因為太平島地處台灣「遠水救不了近火」的遙遠地帶，就像電影「異域」裡在台灣召開最高軍事會議時，對李彌將軍所說的「如果您的第八軍不肯撤台，堅持要留在雲南的話，那麼政府無法給予你任何的資源，種種一切都得靠將軍您了。」

　　本島被越南、馬來西亞、菲律賓三國夾圍著，附近又有中國大陸占領的紅麻等島嶼，真的發生什麼危及的事，唯恐等不及台灣本島的支援，最終還是得全靠自己。因此為了祈求全島平安，要弟兄們隨時警惕必須有居安思危的想法，這座涼亭才會命名為「思安」吧！

　　和文化公園一樣，思安亭內亦種植許多當地的原生植物，右側立有「南亭苑」紀念碑，背面刻著「養天地正氣，法古今完人」。周圍的許多裝

南亭苑紀念碑的背面。

飾都是就地取材，用貝殼裝飾而成的，非常具有南島風情。每當
島休的時候，很多人都會來此地休息，放鬆一下順便欣賞美麗的
海景。

　　白天這裡是島南視野最佳的地點，可遠觀一望無際的壯闊海
景和那美麗的白色沙灘，清澈見底的海水就像一面鏡子一樣，天
氣好的時候都能夠看到許多海龜或是鯨鮫游進礁盤覓食的畫面；
傍晚偶爾可以看到海豚在夕陽下躍出水面的詩情畫意美景，還能
欣賞到整個棧橋頭日落的餘暉。

　　記得我下島前幾週，為了珍惜在這裡看夕陽的機會，放假
第一時間就是從指揮部騎腳踏車前往島西，然後再火速趕往思安
亭。旁人看了大都笑我是傻瓜，但下島後回想起這一切都是那麼
的值得。

環島生態步道。

　　如同火車軌道一樣環繞整個島區的紅色「環島生態步道」，自九十七年起由派工區隊的弟兄們動工，歷時兩年多，總共耗費19萬餘塊的高壓磚，於九十九年六月八日完工，總面積達6450平方公里，並於高壓磚的細縫處注入柏油，以防雜草過度生長。九十九年八月初，警衛區隊取材島上現有的鵝卵石、廢棄木板、貝殼砂等，於步道附近設置多處休憩區，供疲憊時能休息使用。

　　本島原先是個叢林密布，交通不便的蠻荒地帶，行走時不但得隨時認清方向，還要小心以防被蜜蜂、蠍子、蜈蚣等毒蟲叮咬。生態步道完成後，不但美化了整個島區，連帶也解決了以往交通不便的問題，當發現海龜迷路時，更是省下許多寶貴時間前去搭救。

整圈跑道全長約3000公尺左右，在這裡有一句名言，那就是「在這座島上，如果沒有一次跑完整圈環島步道，那麼就等於沒來過南沙」。許多人常利用閒暇時繞著環島步道跑步減肥，我之所以能在短短一個月內甩掉身上十幾公斤的肥肉，除了飲食控制以外，其他全歸這條跑道的恩賜。

島休的時候，我偶爾會騎腳踏車或者徒步環島遠觀海景、欣賞植物生態，放眼望去，步道兩側長滿各式的植物，飄散出一股熱帶森林的味道，聞起來整個身體覺得非常舒暢。傍晚時，整個黃昏夕霞投射在椰林上，使得整條步道看起來格外詩情畫意，使人不禁渾然忘卻平日工作的辛勞，陶醉在此美景中。

島上隨地都有諾麗果的影子

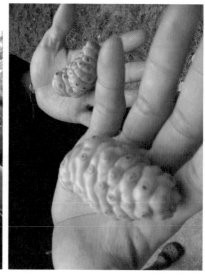
瞧！像不像風之谷裡的王蟲

朝聖大門

觀音堂。

　　「海天一線南島聖地佛光現，清香三柱紫竹林中心向禪。」
位在島南末端的觀音堂，是島上全體官兵最重要的精神寄託，觀
音堂的歷史背景源自於民國四十八年，太平島戍守官兵自台灣恭
迎「千手觀音」來島建廟膜拜。

　　因年代久遠漸顯殘破，前於民國六十一年八月由海軍陸戰隊
駐守人員修整，後於民國九十三年三月由海巡署駐守人員陸續修
建並立碑紀念，每個月初一、十五舉行祭祀活動。並從派工區隊
裡選出一名弟兄擔任「廟公」，定時在每週六上午前來祭拜。

這裡除了少部分人是基督徒外，絕大多數人都是來自信仰觀世音菩薩、土地公等為主的傳統佛、道教家庭，在物資有限的情況下，每當運補船到達收到包裹

可愛的海龜指示牌

或統購物品後，很多人都會到觀音堂以「餅乾代三牲素果」、「飲料替米酒」虔誠地向觀音祈求平安。

觀音堂二十四小時播放著「南無觀世音菩薩」的梵音，晚上會自動打開暗紅色的供桌燈，大家都相信這裡是個具有神力的地方，每次來到這裡，心裡都會有一種說不出來的平靜。只要是有人心情不好或者是感情狀況出了問題，多半都會來到這虔誠地向觀音傾訴、祈福。

陸戰之光精神堡壘

樹神

坐落樹林間的觀音堂

島上久久會發生一次鬼魅事件，凡是撞邪的弟兄第一個想到的地方就是觀音堂。話說某次外出工作時，我們這梯派工區隊的「廟公」阿祐在泥土裡挖到一頂破舊的陸戰隊軍帽，於是調皮的將它戴在頭上炫耀著，但事後他的苦日子就來了。

不知為什麼，往後他和惡運畫上等號，不是做事不順遂，就是不小心弄壞東西被長官數落，還被一旁幸災樂禍的人調侃「唉喲！連廟公都會卡陰了，以後還有誰敢去觀音堂拜拜呀！」我們警衛區隊裡有位自稱有「陰陽眼」的腳踏車維修工小乖，還跟他說：「我看到有個渾身是血的軍人跟在你的身旁，你準備要倒大楣了。」

聽到這番話後，觀音堂就成為阿祐常去的地方，常可看到他在那拿著三柱香喃喃自語，不用講也知道是在求平安，說起來也挺靈驗的，漸漸地他的生活開始步上正軌，那些「不幸」的事也逐漸離他遠去。不過好笑的是，下島前小乖對他說：「我老實告訴你吧！我根本沒看到什麼軍人，是我編出來嚇你的……」

觀音堂修建紀念碑

舊棧橋。

　　如果有人問我「你覺得太平島有哪個景點是你覺得最棒、最值得一看的嗎？」我的答案是「當然有！」，這個地方就是位於本島東南側的海面上「舊棧橋」。說它是南沙最具代表性的一個景點絕對不為過。

　　我對舊棧橋的最初印象是在高雄訓大教官播放南沙照片給我們看的時候，坦白說碧海藍天、椰林白沙本來就是我對南方小島的刻版印象，所以那些風景照並不會使我格外感到吃驚，但在看到舊棧橋的照片後，卻不禁讓我整個人感到歎為觀止，因為它看起來是那麼的壯觀、那麼的漂亮。

　　上島第一個禮拜的島休，大家是一大早擠往官兵休閒中心去唱卡拉OK、看書報漫畫，而我則是前往舊棧橋，仔細看看它的整個風貌。起先我以為舊棧橋是為了海景的視覺效果被建設的，

後來才知道原來這是一處當年日本占領本島時所留下來的遺跡。
起先最初的功用和南星碼頭的棧橋頭一樣，是用來讓小船靠岸補
給用的。

　　原先這些橋墩上也有一條條連接而成的板道，但現在已經看
不到它們的蹤影，留下的只有那一列從沙灘延伸至海面的「ㄇ字
型」遺跡。以往被視為補給通道的舊棧橋現今雖已失去它昔日的
功用，但卻有一股令人懷舊的歷史氣息。白天的陽光撒落在水面
上充滿朝氣，象徵新的開始；日落時則是充滿一股神秘的美感。

島東日出，
島西日落。

　　太平島東岸以日出之美聞名，海岸中段因無樹林遮掩，是本島欣賞日出的最佳位置。南沙群島的旭日從海面緩緩升起，泛起整片莊嚴而華麗的「朝霞」，撒落在沙灘上，形成一片紅白色的景觀。入夜後，日月交替倒映在海面上，呈現出一片朦朧之美。

　　與「島東日出」齊名，島西以晚霞聞名爾遐，西邊海岸視野良好，整片海面盡收眼底。夕陽西下之際，雲層中泛起微微的霞光，照射在海面上呈現一片波光瀲灩，相當漂亮，左側鄰接島南的棧橋頭，為島上另一處賞景絕佳地點。同時置於海面用來保護海岸線的消波堤，為島西海景帶來畫龍點睛的效果，襯托出一幅幅優美的畫面。

戰車履帶般的綠蠵龜爬行痕跡。

島南海岸線。

　　島南海岸起至南星碼頭，終至舊棧橋一帶，這裡獨天得厚的擁有一段由珊瑚沙組成的數百公尺白色沙灘，細白綿長，晴天時在陽光照射下閃著耀眼的光芒。特別是舊棧橋附近被譽為擁有本島最細緻、最白淨的沙灘。

干貝(俗稱心貝)是沙灘上的常客。

　　島南沙灘是我上島後初次邂逅的地方，當時我驚呼著「這才叫做真正的白色沙灘！石門鄉的白沙灣、墾丁大灣還有綠島的大白沙還不算。」以前我一直以為這些地方的沙灘已經夠完美了，但來到南沙後才發覺那些沙灘只能稱得上是「比較乾淨」而已，和我現在腳下這片「白沙」根本就無法比擬，因為它那種完全不受人為汙染的潔淨，漂亮到難以用言語來形容，不論遠望或近看都是那麼的讓人驚奇。

　　「海水相當清澈，適合拾貝、弄潮……」這是旅遊手冊或者網路上常見到的海景標語，但其實你我心裡都很清楚，台灣的海域哪來那麼多貝殼可撿，早就被遊客給撿光了，剩下的多半是一些表面骯髒、坑坑洞洞的小貝殼。但在我腳下的這片白色沙灘，放眼望去各種大大小小的貝殼躺在珊瑚碎塊旁，和那海浪沖上岸的白色泡沫、岸上的椰林形成一幅美麗的畫面。

島南是全島雲景最壯觀的地方。

午後寧靜的白色沙灘。

「每走幾步就可以撿到一顆亮貝（寶螺）」、「六腳貝（水字螺）的腳露在沙灘外」、「山脊蛤說多白就有多白」、「市面高價販售的鸚鵡螺居然就在我手裡……」，明明只有電影裡才會出現的場景，現在卻活生生的呈現在我眼前，讓我感動到淚水都快流出來了。

　　夜晚的時候，海灘上常有許多黑黑的大石頭在移動著，「別緊張，這不是水鬼上來摸哨，而是綠蠵龜上岸準備挖洞產卵。」等到隔天太陽出來照亮整個沙灘後，你會看到接近椰子樹下的沙灘出現一個大坑洞，周圍有一條像是戰車履帶的凹痕，這就是昨晚綠蠵龜產卵爬行過的足跡。

　　附帶一提，入夜後的島南海面，常常可以看到礁盤上出現許多銀白色光盤在那閃爍著，當你用燈光照向它時卻又立刻消失不見，這始終沒有人知道那到底是什麼東西。

一直線的島北礁盤看起來就像麵包店內的可頌條一樣。

島北海岸線。

　　「島北海岸線」是我個人認為島上地形最特殊的地方，該怎麼說呢？因為它就像一個三明治一樣，前段由顆粒粗大的貝殼砂組成，中段是粗糙的白珊瑚沙夾雜一些不超過指甲大小的貝殼，後段和島南一樣，可見到一條白色綿長的漂亮海灘。

　　說到「沙」倒是令我想起一件事，來南沙前父親以及他魚場的朋友們都和我說「有種沙子叫做『星砂』，十分罕見珍貴，聽說南沙有，你可以去找找看。」

　　據說星砂是貝殼及鈣化死去的珊瑚受到海水沖刷侵蝕所形成的細小碎片。還有此說法，星砂是由一種類似珊瑚的浮游動物所聚集而成的，並在其死亡後角質化所形成，所以星砂才會有四隻、五隻、六隻以上的星芒。

波濤洶湧的防波堤海景。

根據這樣的推論，上島後我把搜索範圍縮小至島北海岸線這裡，因為我覺得這裡是星砂最有可能存在的地方，只要有機會到海邊或是淨灘活動時，我都會來這裡仔細尋找星砂的蹤影。但奇怪的是怎麼找都找不到，連相似的東西都不曾看過，問過長官和學長都沒人知道島上有這種東西，或許是我眼力太差，也有可能是找錯地點，或者說這裡的星砂真的只是個美麗的傳說！

　　另外，島北還有兩處的地方，那就是「消坡堤（俗稱石肉粽）」和「可頌礁盤」。消坡堤位在前段粗大的貝殼砂處，這裡

從高處望下依舊清澈見底的島北礁盤。

也是太平島海浪最強的地方，最特別的是這裡的貝殼和其他地方不太一樣，這裡很少有「水字螺」、「寶螺」、「白法螺」等小型貝殼出現，但卻常有中大型的車渠貝、珊瑚蛤等被沖上岸，隨手撿起一個，直徑都在40公分上下。

此外，這裡的礁盤也和其他地方不太一樣，普通的礁盤多半是不規則狀、到處都是坑坑洞洞，但這裡卻是呈現筆直的一條線，表面呈不規則的紋路、少有坑洞，從遠處看就像麵包店在賣的「可頌條」一樣。

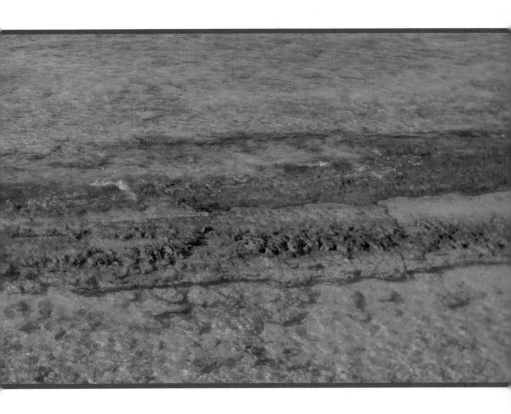

「太平艦到此」─太平島名稱之由來是因對日抗戰勝利後，於民國三十五年十月由中華民國海軍「太平號」等四艘軍艦接收南沙，並立碑於此，宣示主權，故而以此艦來命名。

「南疆鎖鑰」─民國七十九年元月由內政部設立，目的是為了重申我國對南海之主權，同年二月行政院核定高雄市政府成立管理委員會接管南沙太平島。

　　「永保太平」—紀念民國九十七年「太平機場」興建完工，由前總統陳水扁所題，背面記載當初參與人員級職、姓名。太平機場的竣工不僅象徵我國在南沙的主權，在危急時刻更是具有關鍵性的作用。

南沙手札(四)：
離島驚魂

　　每個人從小到大都愛聽「鬼」故事，軍中的鬼故事大都脫離不了「站夜哨」和「女人」這兩個話題，聽來聽去都是那些老掉牙的版本，只不過換了角色、地點而已。

　　南沙的鬼故事除了上面兩個主題外，還多了些與神明相關的靈異事件，整座島沒多大，所有的事發地點幾乎是我們每日的必經之路，以致難免會造成無形中的遐想和恐懼。

　　夜路走多了難免會撞鬼，作者我自己就曾遇過不可思議的事件，還好最後都是平安落幕。但既然是故事，就不必去追溯它的真實性了，就當做飯後閒聊的話題也很有趣不是嗎？

砲陣地裡的亡靈。

　　「夜路走多了總是會見鬼。」這句話正好套用在警衛區隊的身上，這件事發生在我這一梯上島前，共有兩名當事人，一個是我的直屬學長謝中辦（阿輝），另一個是指揮部的首席理髮兵（子銘學長），兩位都是警衛區隊的成員。事情的經過還得從那上哨開始講起……

　　某天晚上九點半，兩人如往常一樣，打開手電筒騎著腳踏車前往第二守望哨準備接哨，途中經過了每次上哨前必須進去簽到，表示執勤員已巡邏過的XX號砲陣地。簽到雖說是兩個人的工作，但為了貪圖那麼一點點的「投資報酬率」，通常都會由一方代簽，子銘很主動的下車，把腳踏車停好，進入砲陣地內開始例行工作。

但奇怪的事發生了，一般來說簽個字頂多30秒即可完成，但阿輝在外頭等了三分多鐘仍不見子銘的身影，便朝砲陣地的方向大喊：「你是被鬼吃掉了是不是，趕快出來，上哨時間快到了。」但裡面並沒有人回應，正當覺得有些納悶想進砲陣地內一探究竟時，只見子銘拖著沉重的步伐緩緩地從裡面走了出來，阿輝本想問個所以然，卻見子銘掛著一張慘白的臉色顫抖的說：「我們快點離開這兒，不然就要拖哨了。」

一路上氣氛變得相當詭異，兩人都默默不語，就連平時駕輕就熟的腳踏車都險些「雷殘」。好不容易終於抵達哨所，上一班哨的人也不太在意兩人奇怪的眼神，只是如往常一樣說聲「接下來的工作就交給你們囉！」便下哨回去休息了。

在哨所內，阿輝首先打破了沉默的氣氛，問到：「你剛剛是怎麼了，身體不舒服嗎？」

子銘猶豫了一下，似乎是在考慮到底該不該說，最後終於緩緩的吐出幾個字，「我……剛才看到不乾淨的東西。」

「這種事是不能隨便開玩笑的，你可別亂說。」

「你看我像是在開玩笑嗎？我們認識那麼久了，你也知道我的個性是怎樣。」

這時阿輝愣了一下，小聲的問「你看到了什麼？」

「我看到裡面坐著一個人。」

「一個怎麼樣的人？」

「是一個穿著破舊陸戰隊軍服的人，皮膚黝黑、輪廓深邃，看起來像是個原住民。」

「原住民？會不會是中隊長還是哪一個士官長？」

「在島上你幾時看過有誰穿陸戰隊服的？而且……」

「而且怎麼樣？」

「我看到他七孔不停的冒出鮮血，一對像是黑洞的眼睛直直地瞪著我瞧……」

　　當晚兩個人不知道是怎麼度過那好幾個小時的。這件事情告訴讀者們，假如你有機會來到太平島站夜哨的話，千萬要記住上哨前到砲陣地去簽到時，兩個人同行總好過你一個人，因為夜間的太平島並不是那麼的「太平」。

踏步的日本兵。

　　這個故事是何時發生的已不可考，但在這件事發生後，往後島上規定不能再有人單獨站夜哨，哨所內也加裝了攝影機，且傳聞當事人在說出這件事後，就因精神崩潰被後送回台了。

　　事情發生在某天晚上凌晨三點左右，A君獨自在第二守望哨內值勤，二哨與其他哨所較不同的地方在於它是個唯一緊鄰海邊的哨所，就像被孤立似的不在其他建築物的視野裡。午夜的

太平島海域鮮少有船隻出現，相當寧靜，覺得A君開始顯得有些無聊，便嘀嘀咕咕的獨自發起牢騷來，就在此時外頭傳來奇怪的「咚咚」聲響。

「奇怪，那到底是什麼聲音？怎麼覺得有些熟悉呢？」A君心裡這麼想著。「對呀！這不是我們點名時的踏步聲響嗎？這麼晚了還有誰睡不著在這裡踏步，不會是長官來摸哨吧？」

想到這裡A君連忙把衣服給整理好，抬頭挺胸站著準備等長官進來時精神抖擻的大喊「長官好」。但過了許久卻不見長官走進來，外頭的腳步聲也不曾停過或轉小聲。「難道是有人刻意在跟我開玩笑，想尋我開心？」想著想著，A君便走出哨所，想看清楚究竟是怎麼一回事，這時很快的就發現聲音的來源。

在皎潔的月光下，A君看到距離哨所不遠處的軍人公墓附近有一個人穿著軍服的人背對著他在原地踏步，「咚咚～咚咚～」，「他媽的，是誰那麼無聊呀！這麼閒閒沒事做，晚上不睡覺在這練習基本教練。」說著說著便朝向那個人走去。

A君邊走邊想不禁覺得越來越奇怪，「不對呀！誰會吃飽沒事幹，半夜跑來這裡做這種沒意義的事？這傢伙的制服怎麼跟我們的不太一樣？難道是敵軍上岸……」這時A君從那原先有點散漫的神遊裡被拉回了現實，拿出甩棍機警的靠近對方大叫「喂！你是誰。」

一般人要是面臨這突如其來的大喊，定當會嚇一大跳，但對方卻是停止踏步，像根筆桿似的站在原地不動。A君對於這個人的舉動先是愣了一下，接著不敢再向前靠近，深怕對方早已有所準備發動攻擊。如果這時他能夠馬上退回哨所的話或許就沒事了，但如果是這樣的話故事就沒有結局了，沒過多久，對方像個發條娃娃似的轉過身來望著A君。

　　不看還好，看了後簡直把他給嚇破膽，映入眼簾的是個穿著長皮靴，身穿卡其色軍服的人，詭異的是軍帽上的帽徽不是青天白日滿地紅的十二道光芒，而是暗紅色的圓形標記，「是日本兵！」相信現在所有人都和A君當時的想法一樣。緊接著恐怖的事來了，那個「人」的臉開始潰爛，皮膚組織一塊塊地掉落在地面上，這時A君的四肢失去知覺，整個人癱坐在地上爬不起來。

　　「那個人走向A君，伸出雙手抓他，要不就是咬他……」如果讀者你是這麼想就太沒創意了。這時那個人的雙腳開始慢慢的沉入地面，緊接著是大腿，然後是軀幹，最後只留下一顆頭，還發出詭異的笑聲，朝著A君的方向「游移」過去。

　　A君竭盡全力的高喊救命，無奈的是人的聲音怎麼可能傳的到數百公尺遠的室內，不久A君便昏死了過去，等到他被發現時，已是下一班人員接哨的時候了。

　　在聽到這個故事後，往後不論晝夜只要我有經過二哨附近的話，都會對著空氣大說幾句日文或是唱日文歌，希望的就是那個人不要找上我。

現實亦或夢境？

八月二十二日的島休，我遇到一件很不可思議的事。

「島上的風景早就看膩了，只有老葉你這個瘋子看不煩。」
這是很多人常對我說的一句話。「沒錯，自小深受水族世家影響
的我是個大自然狂熱者，記得國小時還曾經為了抓一隻蝴蝶搞到
逃學，結果回家被父親用水管狠狠的修理一頓。」島上的景色無
時無刻都在我面前呈現不同的變化，令我著迷至極。

　　今天是個大晴天，中午溫度高達42度，處處吹著陣陣的熱風，只要是正常人肯定不會外出，不是窩在寢室內吹冷氣，就是在休閒中心唱歌。但有個人就是「作者我」偏偏和大家不一樣，穿著涼鞋，背著一壺礦泉水，獨自頂著大太陽沿著生態步道行走，看看能不能發現什麼新鮮的事物。

　　走著走著，我來到島東的軍人公墓附近，「咦！那是誰？」軍人公墓旁有一棵堪稱島上屬一屬二高的椰子樹，樹頂結實累累，茂密的椰子葉使得整棵樹看起來像一把巨大的遮陽傘一樣，樹底下有個人躺在那兒乘涼。

　　這個人不管怎麼看就是有那麼點奇怪，該怎麼說呢？首先是天氣這麼熱，怎麼會有人不待在冷氣房裡要跑來這裡睡？再來就是他的穿著非常奇怪，明明是大熱天，但他卻穿著一條泛黃的白色長褲，與他上半身的無袖T恤形成強烈的對比，最特別的是他的臉上還蓋著一頂白色的草帽。「草帽也有白色的？還真是沒看過。」心裡才這麼想著，便走到那個人的跟前。

　　「奇怪，這個人是誰呀！」身為中隊文書的我因為業務的關係，早已跑遍全島各個單位，從二兵到長官就算是我都認得出來，但是這個人的身影好陌生，我從未見過。

　　這時奇怪的事發生了，那頂草帽漸漸地向上漂移，我雙眼緊盯著那頂帽子見它越飄越高，最後居然飄到椰子樹上了。「怎麼會有這麼離奇的事？」這時我低頭一看，整個人都愣住了，那人的臉居然是個燒焦的骷髏頭，那種感覺就和死人火化後的骨頭一模一樣。我突然眼前一片黑暗，接著就不醒人事了。

　　醒來後我居然好端端的躺在床上，這時已是下午四點多，有人看到我醒來還調侃我說：「老葉，你今天還真難得沒有出去呀！」難道我是在作夢？回神後仔細一看，腳背上還有走路時沾上泥巴的痕跡，嘴角還略殘留著那海風吹過的鹹味，「這究竟是怎麼一回事呢？」

眼蒙紅布的
土地公。

　　島上除了觀音堂以外，還有一間土地公廟，與「觀音堂」並列為島上兩大朝聖地之一，於民國五十八年由陸戰隊駐守人員重新修整立廟，後由海巡署駐守人員定期供拜，並於九十九年四月重塑土地公、土地婆的金身。這是所有人都知道的事，但卻很少有人知道官兵休閒中心旁的庫房架子上放著一尊雙眼被紅布蒙上紅布條的土地公，樣子十分詭異，據說這尊土地公神像還有一段詭異的由來。

　　傳聞這尊土地公是本島首座神像，自從某天島上人員在修整土地公廟時因不小心掉落工具把土地公金身給砸下一塊碎片後，不尋常之事便開始發生了。常有弟兄在晚上睡覺時夢見土地公托夢氣憤的說「我的元神已從金身出竅漂泊四海，現在金身被鬼魂附身，在這樣下去會危即全島安危呀！」由於作夢的人越來越多，長官們也開始覺得「寧可信其有，不可信其無」，於是請來洋局某位「師公長官」為這件事做主。

　　話說這位長官不僅懂算命，更是精通五行道術、奇門遁甲，說也奇怪，經他一番作法用紅布蒙上神像眼睛封印後，就再也沒有人晚上睡覺時夢到憤怒的土地公了。

其實，島上和神明有關的靈異事件並非只有這一宗，據說本島最具神力的地方「觀音堂」裡供奉的千手觀音神像在當時並未經過正式的迎神程序入廟，就連「開眼」也是這邊的人自己點上去的，所以有此說法「觀音像裡所附著的是孤魂野鬼」。據說太平機場跑道開始興建前一天，因不曾向觀音請示，當晚觀音堂的金爐突然無故起火，結果第二天就出事了。

有名弟兄開著農業用卡車經過觀音堂附近時，突然一棵椰子樹倒了下來，把玻璃鏡面砸個粉碎，坐在裡頭的弟兄當場腳筋斷裂。因為這件事，往後島上只要有重大工程要進行前，都會先來觀音堂請示是否能施工，避免在「太歲頭上動土」，造成不必要的悲劇。

夜半四頻鬼來電。

「學長，小心點耶！你的臉色怎麼這麼難看，是站哨太累身體不
舒服嗎？」

「學弟我沒事，趕快回去吧！」

　　下哨後騎著腳踏車沿著生態步道回指揮部的途中我「雷殘」
了，整件事情的來龍去脈得從子耘學長說起。

子耘學長：「學弟，跟你們說喔！夜間第二班站二哨時千萬別把手持機調到四頻，我先前就是不信邪這麼做，結果聽到裡面傳來女人的哭聲……」

「真的還假的？應該是學長你鬼扯出來的故事吧！」這句話在我遇到「那件事」後便不攻自破。

學長們下島後，緊接著一批新學弟上島，某天深夜我的直屬學弟「林中辦」和我一起站第二班二哨。站哨是很無聊的事，也可以是很有趣的事，和你一同上哨的人是好朋友的話，自然是「酒逢知己千杯少」，反之則是「話不投機半句多」。

和自己的直屬學弟怎麼可能會沒話聊呢？兩人從家庭狀況聊到興趣，興趣聊到私人感情，每件事都是那樣的新鮮，聊著聊著我不經意的提到子耘學長當時講的事。於是我提議：「乾脆我們也來試試看怎麼樣？」「學長，這不太好吧！寧可信其有，不可信其無。」「安啦！有我在什麼都不用怕。」我這麼說著就從學弟手上將手持機拿了過來把頻率轉至四頻。

「早就知道什麼聲音都沒有，學長還真會吹牛。」我這麼嘀咕著，的確手機中除了不規律的沙沙聲響以外，就再也沒有其他聲音了。這時我很無聊的朝手持機大喊：「有聽到我的話記得要回應我喔！」說完學弟和我哄堂大笑，調回原頻後又繼續我們的閒話家常，時間過得很快，沒多久我們就和下一班哨的人交接，下哨回去準備休息。

當晚銀白的月光照亮整個生態步道，視野相當清晰，我騎在學弟前面，愉快的吹著口哨，很快就接近島北地帶，左側的樹林裡有一道上面刻有「六五八團四一四旅第七連」字樣的古牆，平時我的目光焦點都是右側的海岸線，但今晚卻無意識地把視線移向那面牆，剎那間，整個人差點從腳踏車上摔下來。

我看到一個身穿白衣，面色青藍，披頭散髮的長髮女人坐著牆上，對著我露出詭異的笑容。回想起來還真不曉得自己當時是怎麼度過，只覺得自己像是失魂似的，裝做自己什麼都沒看到，不斷地踩著腳踏車往前進。身為學長遇到這種事自然是要先看看學弟的狀況，但是我卻沒那個膽子，只想趕快離開這裡。

　　好不容易腳踏車終於脫離了那面古牆的視線範圍，到達整晚播放著「南無觀世音菩薩」的「觀音堂」，這時我整個人像是洩氣似的，忽然雙腿癱軟連車帶人摔倒在地上，學弟見狀連忙上前扶我起來。

「學長，小心點耶！你的臉色怎麼這麼難看，是站哨太累身體不舒服嗎？」

「學弟我沒事，我們趕快回去吧！」

　　當晚因為實在太恐懼，我根本睡不著，隔天正好是島休，一大清早我就立刻前往觀音堂，合掌下跪向觀音祈求保佑我平安，並保證以後絕對不再亂說話。以後只要知道自己晚上要上二哨的話，我都會抽空到觀音堂燒香拜拜祈求平安，以免被不知名的東西纏上，還好我逃過了一劫，要不然怎麼會有這本書問世呢？

南沙手札(五)：
生活記事

「只要看過南沙的星空，就會相信幽浮是絕對存在的。」

「想知道狗兒能游上數百海浬的神奇事嗎蹟？」

「現實兼山寨版的開心農場就在南沙太平島！」

「全國最遠郵局、最珍貴的郵戳是什麼樣子呢？」

「傳說中的綠蠵龜為您精彩呈現。」

水泡蟲。

　　「蠍子」、「水泡蟲」、「蜜蜂」、「紅螞蟻」被稱做南沙四毒。上島時學長時常叮嚀「蠍子都躲在枯葉底下，走進樹林裡要小心枝頭上有沒有蜂窩紅螞蟻是草地裡的常客，至於水泡蟲隨時都有可能在你身邊，它的毒性位居四毒之首，沒處理好的話，皮膚可是會潰爛的。」

　　「到底水泡蟲是什麼？」從小經常接觸昆蟲的我，自認對昆蟲小有研究，但就從來沒聽過水泡蟲這玩意，怎麼會有那麼通俗的名稱呢？

問起時，學長只說：「水泡蟲身體是黃色的，長的有點像蟑螂。如果牠爬到你皮膚上的話，只能用手輕輕撥開，千萬不能打牠，否則牠體內的毒液會讓你的皮膚起水泡，嚴重的話會爛掉。」說著說著便伸出手臂給我看。「你看，這就是被水泡蟲咬到的疤痕，已經一個月了，傷口都還沒痊癒。」怎麼越說越恐怖，我好想知道水泡蟲到底是長什麼樣子。

　　首次看到水泡蟲，是學長帶我上哨的時候，學長說這種蟲大部分是夜行性，常常會飛進哨所來。等我看到之後才發覺他們口中所謂的水泡蟲竟然就是「隱翅蟲」，只是和六角螺（學名水字螺）等貝類一樣，被用俗名來稱呼而已。

　　隱翅蟲的體長約1公分、寬約0.2公分，因翅膀不明顯而得名，是屬一種鞘翅目之甲蟲。隱翅蟲本身有趨光習性，再加上體型小不容易受注意，很容易侵害人體沒有衣物遮蔽的部位。隱翅蟲在人體皮膚上爬行時，會從蟲體關節腔中分泌出體液，而引起皮膚病變。更甚者，當蟲體被打死捻碎時，則毒液大量濺出，這時患者之手不慎沾到毒液再去碰觸皮膚的話，會將毒液擴散，接著會在一到兩天內出現水泡、膿包及潰爛，處理不當的話可是會留下疤痕的。

　　因為這個關係，往後進哨所時我都會特別小心，仔細檢查工作區附近是否有隱翅蟲，若是隱翅蟲停在皮膚上時，得大發慈悲不能打死它，只能將牠輕輕吹走，為的就是不要被牠給「紋身」了。

可樂　　　　　　　　　　妹妹

島狗。

　　狗兒是除了我們以外島上最主要的居民，島上共有四隻狗，
分別為海軍飼養的「菲力」和「可樂」、醫院的「妹妹」（是島
上唯一的母狗），還有招待所（官兵休閒中心前身）長官飼養的
小黃，每隻島狗都有屬於自己的故事，其中命運最乖舛的就是可
樂了。

　　據說可樂是在陸戰隊守備時期就被飼養的狗，但因為當時
島上的狗實在太多，所以可樂和其他狗一樣被載回台灣準備安樂
死，但這群不知未來命運的狗居然在航行途中就遭到海拋而葬身
大海裡。

小黃　　　　　　　菲力

　　或許是命運的安排吧！惟獨可樂拼命的避開各種險境，最後
游回距離海拋之地數百海浬的太平島上，弟兄們覺得牠能游回來
實在是種很特殊的緣份，更是神明的安排，所以可樂才有機會被
收養存活至今。

　　除此之外，島上還有許多隻貓咪，原本只有兩三隻，但最近
生了許多小貓，為這孤單的小島增添不少熱絡感，每當用餐後準
備倒掉廚餘時，這些貓兒都會跑來喵喵叫地撒嬌討食物吃。

島鴿咕咕

　　另外，島上還有個重要的居民「島鴿咕咕」，來這裡已經很
久了，雖說不知牠從何處來，但從腳上的圈環看來，牠應該是一
隻賽鴿。可能是賽途中迷路，暫時到島上來避難，後來覺得這裡
的環境不錯，又沒什麼天敵就留下來了。

綠蠵龜。

　　記得入伍前，南沙曾被新聞報導虐待綠蠵龜的事件，使得海巡署一時顏面無光，受到動物保育團體非議好一陣子。

　　但於此我一定要幫海巡署說句公道話，島上全體官兵都深具動物保育觀念，長官也一再告誡我們不能虐待任何動物。每次只要發現有綠蠵龜上岸迷路或受困擱淺，大家都非常緊張，因為只要稍遲救援就極有可能斷送牠的生命。

生態考察活動時發現的大型綠蠵龜。

記得有天早上大家才剛打掃完，準備進餐廳用餐時，長官突然指示大家即刻前往航道口。原來早上電廠剛下哨的人發現島狗菲力朝著棧橋旁的海面狂吠個不停。有人前往一探究竟，竟發現一隻綠蠵龜被夾在石縫裡爬不出來而痛苦掙扎著。

　　參與救援過程中，我才知道綠蠵龜的重量比以往的想像重了許多，一隻成龜的身軀普遍是一百二十五公分、一百公斤上下，還帶有一股腥臭味。

　　搬運時，通常要動用七到八人，這工作並不輕鬆且要非常謹慎，萬一不小心鬆手可是會摔傷牠的。還有，綠蠵龜不會乖乖聽話，搬運過程中會不停揮動著四肢，被打到不但很痛，還會留下好一陣子才會消掉的瘀青。

　　幫助綠蠵龜返回大海，有個非切記不可的重點，那就是不能直接將牠放回海裡，因為這樣會讓牠失去在物競天擇環境中的求生本能，當牠不向前爬或是爬偏方向時，只能輕拍牠的後殼，幫助牠導正方向，回歸屬於牠的地方。

返回大海

Step 1

夜間上岸

Step 2

找個好位置準備產卵

Step 3

產卵中

好不容易才將小綠蠵龜們給拯救回來。

只比寄居蟹稍大的小綠蠵龜

小綠蠵龜別亂跑。

　　每年的九月到十二月是綠蠵龜孵化的旺季，小綠蠵龜有時候
會因自身本能的趨光性在孵化後未依照自然法則游向大海，而是
迷失方向爬向島上有燈光的建築物，在島期間我可是親眼看過兩
次呢！

　　第一次是在九月十五日的晚點名過後，警衛區隊的分隊長把
我們帶到「南疆鎖鑰」紀念碑前集合並宣布隔天的工作要項。分
隊長的話才說不到五分鐘，突然一團小黑影從紀念碑的側邊慢慢
的爬出來，原先以為是小老鼠，待大家看清牠的廬山真面目後，
才驚覺地大叫「是綠蠵龜！」緊接著又見到周圍有好幾隻小綠蠵
龜在附近爬來爬去，模樣相當可愛。

　　中隊長聞聲後，立刻趕過來要大家拿著手電筒和臉盆，四
處確認看看還有無其他走失的小綠蠵龜，因為紀念碑離海邊有段
路，如果不儘快將牠們送回海邊，到早上這些小海龜不是被島上
的海鳥吃掉，就是被烈日曬成「龜乾」。

在大家齊心協力下，總共找到二十多隻小綠蠵龜，隨後我和一名弟兄跟著電組組長、人事官前往島南海岸幫助小綠蠵龜返回大海，忙了將近一個小時才收工。

第二次是在我某一次島休的晚上，通信員來電中隊辦公室告訴我島西附近的生態步道上有一大群小綠蠵龜出沒，隊長正召集手邊沒事的人前往救援，聽到這消息，我立刻隨著隊長一行人小跑步火速前往島西。

到達島西後，看見周圍滿地都是小綠蠵龜，原來是因為孵化後的小綠蠵龜看到島上的燈光被吸引過來。經我們仔細搜救後，幫助一百多隻小綠蠵龜回到牠們的故鄉大海，遺憾的是有一隻來不及搭救而被貪吃的貓給咬斷了頭，於是我們將牠埋在附近的一塊沙地裡，祈求牠早日安息。

寄居蟹。

　　南沙有三多,「海龜多」、「椰子多」、「寄居蟹多」,寄
居蟹是島上數量最多的生物,分為兩大族群。一種是海居型,分
布在沙灘上,另一種屬陸居型,住在在樹下的洞穴或藤蔓林裡,
走在路上隨處都可發現牠們的蹤影。

　　島上流傳著一個笑話,那就是飯後吃剩的白米有兩個方式可
以處理,一個是「倒進廚餘桶」,另一個則是「丟進樹林裡」。
因為這裡的樹林隨處都住滿了上百隻的寄居蟹,這些白米不久後
都會成為寄居蟹們的腹中佳餚。每次島休時,我都會帶些用餐吃
剩的白米灑在樹根旁,不久只見一群數量壯觀的寄居蟹紛紛從樹
林裡走出來,每隻都又肥又大、背著各式貝殼,與台灣本島那些
營養不良,甚至還得背罐頭蓋的寄居蟹形成強烈的對比。這些寄
居蟹一擁而上擠向白米飯團,舉起小鉗子夾起飯粒塞進嘴裡津津

可愛的寄居蟹

寄居蟹爭食白米飯　　　　　　　　被貓咬斷一隻螯的陸蟹

有味的啃著，還發出喀茲喀茲的聲響，看到有人靠近一點也不害怕，最後都將白米全吃得一乾二淨。

　　這些寄居蟹大多夜晚出沒，大致可用殼型分為兩類，一種是相當脆弱的蝸牛殼，另一種是嶸螺，外殼十分堅硬。不過很奇怪的是，島上很少見到蝸牛，真不曉得這些寄居蟹的蝸牛殼是從哪裡來的。

　　當晚上外出或是騎腳踏車上哨時，都必須仔細注意地面，因為只要一個不小心就會壓踩到寄居蟹，壓到的如果是蝸牛殼，肯定會聽到「霹啦」清脆的一聲，一隻寄居蟹就這樣碎掉了，但如果是嶸螺的話，有相當大的機率會「摔車」。

　　島上除了寄居蟹以外，還有一種紫紅色外殼的陸蟹，是島上第二大甲殼類族群。一隻成蟹若是連蟹腳計算在內，長度約25到30公分左右，平時藏匿在芭蕉林或藤蔓內，幼蟹則都躲在椰子樹下的土裡，到了晚上常可看到牠們頂著一對大螯爬出來覓食。根據長官的說法，島上的貓很喜歡吃這種螃蟹，所以常可看到草地上散落著吃剩的蟹殼，不過人卻不能食用，因為牠的體內帶有毒性，吃了可是會出人命的。

與最體恤我們的指揮官合影

慶生餐會。

「六六二四你還差多少呢？」是一句島上的俏皮話，所謂的「六六」就是「六次運補」、「六次慶生餐會」，「二四」則是指「二十四次電影餐會」。換句話說，當你「參與六次的運補」、「吃了六次慶生餐會」、「看了二十四次電影」後，就即將準備下島了。

每個月一次的「慶生餐會」比運補人氣更旺，是大家最期待的日子，因為這天不但可以吃到平常享用不到的美味料理，還因為托壽星的福，有生日蛋糕可吃。

2086.87梯的最後一次餐會

　　每到這天，廚房從早上到下午總為了張羅全島的料理忙得不可開交，歷屆掌廚的學長們承傳下來許多拿手菜，使得膳食區隊個個都是「食神」，料理出的菜色一點也不輸給台灣本島的「辦桌」，特製的多層生日蛋糕一端出來時，更是給人驚喜無限。其他弟兄們也不是只等著吃而已，在結束整天忙碌的工作後，得馬上投入慶生餐會的工作行列，使得餐會能夠準時開席。

不輸辦桌的廚藝　　　　　　　　球類比賽頒獎

當月份壽星

　　餐會開動前，指揮官還是老樣子會先和大家說幾句話，接著人事官會唱名這個月的壽星上前，由指揮官帶頭切蛋糕，氣氛相當的歡樂。筵席間長官們會一一到各桌以茶代酒向大家乾杯，說幾句勉勵祝福的話。

　　最讓人開心的是先前各項球類比賽的名次和獎品都是在這時頒獎，第一名有三箱飲料、第二名有兩箱、第三名則是一箱，算下來平均每個區隊都可以得到四箱左右的飲料，除了開心之外，下個月填統購單時還可以少花點錢。

　　在慶生餐會這天擔任打飯班是大家最害怕的事，所有人在吃飽喝足後可以回去休息，而打飯班還得收拾餐會結束後「杯盤狼藉」的情形，常常都忙到晚上十一點多才收工。

電影餐會。

　　部隊每週有兩次看電視的機會，一次是週四莒光課時和全國所有官兵同仁同時收看的「莒光園地」，另一次是週六晚上在餐廳裡舉行的「電影餐會」。

　　廚房會在這天預先準備點心讓大家邊看影片邊享用，由打飯班在所有人進餐廳前先將每個人的份量給打好。通常都會有飲料、小蛋糕、爆米花或者是薯條、雞塊之類的油炸食品，其中最受歡迎的是小蛋糕，因為每週都會推出不同口味，只可惜數量有限，每個人只能拿一個。

　　電影欣賞開始前，指揮官都會為我因為隔天是禮拜天，是大部分弟兄島揮官都會在精神訓話結束時加上一句好的夜晚」。

忘記是片名是什麼了

　　每次欣賞的影片都是來的，很多都是剛上映不久最深刻的是「葉問前傳」和

份量有限的小點心

　　電影欣賞結束，全體起官晚安」後，就會分成兩組人才能睡的「打飯班」，要開始

東西。另外一邊是「饑民團」，因為覺得剛剛實在是吃得不夠過癮，便開始瓜分剩餘的食物。

　　對打飯班來說，這是個好消息，因為可以省得把這些食物拿去倒廚餘桶裡，而能提早收工回寢室休息。

不知何處來的漂流木

淨灘活動。

　　所謂的「淨灘」就是把被海浪沖上沙灘的垃圾清理乾淨，特別是颱風天過後，島上的垃圾會特別多，從脫鞋到包裝奇怪的瓶瓶罐罐都有，所以指揮部每個月會舉行一到兩次的淨灘活動。

　　對於淨灘有人很喜歡，因為撿垃圾的同時可以到沙灘上走走看看廣闊的海景，順手抓一隻寄居蟹或撿幾個貝殼。但也有人敬而遠之，因為淨灘都是在晴天進行，島上的溫度高達四十度以上是很稀鬆平常的事，所以對那些怕晒黑的人來說，當然是不要直接面對太陽比較好。

　　我個人覺得淨灘是很有意義的活動，因為我原本就很喜歡海，每當看到海闊天空的景象時，總會有種從束縛中被解放出來

的感覺，特別是這片無人為汙染的海域，看到白浪在藍綠相間的海面上漣漪時，總能帶給我一股莫名的欣喜。但真正讓我回味無窮的不僅僅是海，還有那給人無限想像、讚嘆不已的白色沙灘。

　　墾丁、澎湖、綠島、翡翠灣等等是大家熟知的沙灘勝地，每日不知有多少情侶在這些地方牽著手散步，欣賞詩情畫意的美景。但這些沙灘，完全無法和南沙的太平島相提並論，我從來沒看過這麼乾淨漂亮的沙子，細白的沙中摻雜著細碎的紅珊瑚顆粒，真是漂亮到極點。如果今天我將這些白沙放在餐桌上，相信大家絕對不會懷疑這是沙子，而且把它拿來當「酸梅粉」食用。

　　淨灘時，除了要撿垃圾之外，還要清除被沖上岸的漂流木，這些漂流木不曉得是從哪裡被帶過來的，表面覆蓋著藤壺，相當粗大，有的甚至要動用十幾個人才能移開。這些漂流木的質材都很不錯，島上的「休憩區」、「環島生態步道」的入口和階梯等，都是用這些漂流木製成的。

清除被埋在沙灘裡的小型垃圾。

管中窺景

是UFO嗎？

　　從前我對於人們傳言中的幽浮跟外星人，總是抱持著半信半疑的態度，畢竟眼見為憑，直到來南沙才改變我以往的想法。

　　「守望值勤」、「勘查海面」是警衛區隊的職責之一，隊上每個人都有機會輪到站夜哨，夜晚的太平島可不像台灣到處燈光閃爍，整個海面是一片漆黑，但卻也不會「伸手不見五指。」

　　只要仰頭一望，眼前是片讓人終身難以忘懷的美麗星空。不，說是星空，還太保留了點，應該說是銀河才對。繁星閃爍著耀眼的光芒，每顆星星的位置都清晰可見，我時常想，國小上自然課時買的星象盤得拿到這種地方才有它使用的價值吧！

凌晨一點半，我與守望哨人員交接，開始監控海面，當晚氣候穩定，夜空寧靜清晰。二點十七分，因生理時鐘的關係雙眼感到有些疲憊，因而轉移緊盯海面的視線朝向天空一瞧，此時卻見到令人意外的奇異景象。

銀白的星空中突然出現一不明飛行物，原本以為是飛機，但仔細觀看後發現根本就不是。此物體呈膠囊狀，大小約在半截手指上下，最特別的是它的四周被一種相當奇異的藍光給包圍著，我從未見過那麼美麗的光芒，那種光芒根本就是科幻電影裡才會出現的特效，光暈裡隱約地可以看到有東西在裡面卻又無法看得很清楚，就好像是為了保護中間的物體而散發出來似的。

不明物體以不規則路線在繁星中快速穿梭了好一陣子，突然間又憑空消失。前後只有短短不到三分鐘時間，讓我不禁疑惑「我到底看到了什麼？」因為那東西所發出的光芒和飛行路線似乎非一般飛機或人造衛星可辦到的。

其他站過夜哨的學長和同梯也有不少人提起自己有相似的經驗，有人看到空中有奇怪的紅色物體飛行好一陣子後突然消失，不久又出現。甚至還有學長看過兩個四分之一個月亮大小的紅色圓盤狀物體，在空中同時進行畫圓旋轉後又突然消失不見蹤影，究竟我們是看到了什麼東西？這實在令人感到不解。

菸荒。

「葉中辦，我可不可以先領菸。」統購物品送到鋼棚時，我最怕聽到這句話，當我和學弟正為了盤點那堆積如山的物品忙到不可開交時，就會有一群活像是好幾天沒吃東西的饑民，搶著要趕快領菸。一方面物品還沒清點完，二方面還得注意怕有人趁機順手牽羊，實在是令人頭痛。

島上將近一半的人都有抽菸的習慣，在這裡服役的人，菸癮都會變得特別大，因為平時工作壓力很大，加上又沒太多抒發壓力的休閒管道，所以三五個人聚在一起時，首先會做的事就是抽菸，甚至還有本來不會抽菸 的人，等到下島後，一天沒有半包菸都會覺得渾身不自在。

每到月底就是這些「癮君子」最痛苦的時候，因為手邊的煙都已經差不多抽完了，記得我負責購單的時候，有人填寫統購單，就一口氣花了三千多元買了四條「黑大衛」，原先以為綽綽有餘，但沒想到菸癮太大，到了月底一樣是空空如也，這時若在運補船還沒到達前，每天能抽上一兩根菸就是非常幸福的事了。

難能可貴的是沒有人預先囤積香菸,等月底再來發發橫財,也沒有人的菸被偷,反倒是有弟兄很慷慨的把多出的香菸拿出來分給沒菸的人解解菸荒。也有人先向別人借個一包,等運補船送到後再還,俗稱「擋菸」。或是用數包零食或好幾罐飲料和別人換一包菸,誠如長官所說:「島上資源有限,非常時期大家就是要互助合作或是以物易物。」

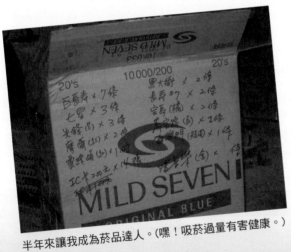

半年來讓我成為菸品達人。(嘿!吸菸過量有害健康。)

鐵馬。

　　太平島並非常人所想的是個小到不能再小的島，要到較遠的地方還是有段距離，島上沒有摩托車，代步工具只有這種黃色車身的腳踏車。因車身老舊，加上地面崎嶇不平，常會爆胎，所以每個月負責維護腳踏車的警衛區隊都必須申購內胎來修補。且因車輛有限，必要時還是得騎著半好半壞的腳踏車前往目的地。這種腳踏車還真不是普通的難騎，不但踏板很難踩，還會發出嘎嘎的聲響，得耗費相當大的力氣，車身才會向前推進，有時我還真懷疑小跑步是否還比較快一點。

　　島上偶爾會有颱風過境，總是一陣烏雲密布就下起傾盆大雨，空中落下的閃電就像蜘蛛網般，整座島受到颱風的影響，感覺好像就要沉入海中一樣。記得某天深夜，我和學弟站夜間第三班下哨，那天正值颱風過境，我們騎著「五體不全」的腳踏車，冒著風雨的侵襲，奮力朝向指揮部前進。

　　由於雨勢過大視線不清，強勁的逆風向我們襲捲而來，根本就寸步難行，雙腳踏到痠麻，覺得好冷、好餓又好累。但腳踏車卻仍像蝸牛一樣只能緩慢的前進，只要雙腳的力量稍為放鬆，就又被風給逆吹了回去，等我們到達時都累趴了，補休醒來後我去南沙醫院量體重，整整瘦了三公斤。

開心農場。

　　「弟弟呀！要學學副指這樣做，把那些抹抹渣渣的東西都
給整平……」，「抹抹渣渣」是副指揮官工作時的口頭禪，為使
島上土地被有效利用，在副指和排副們的帶領下，以通電區隊弟
兄為首的「墾荒團」將餐廳附近一塊布滿碎石的土地規劃開墾，
除了清除土裡不必要的石塊，還連帶把地給整平，於是「開心農
場」就這樣誕生了。

原本一片荒蕪，連雜草也不太生長的荒地，經過大家同心協力的整地、撥種、施肥後，呈現煥然一新的景象。

椰子是島上最主要的天然水果，為了增加椰子產量，同時提升島區內部的綠化品質，農場內種植有多棵椰子樹的幼苗，積極進行椰子樹培育。這些幼苗都是從海岸附近移植過來的，通常會先用鏟子把土翻鬆，在像拔蘿蔔一樣，用雙手將幼苗拔出，這過程當中必須非常謹慎，因為只要一個不小心，幼苗的根部就會被拔斷，這時，小椰子就可以準備丟在樹林裡當肥料了。

除了椰子之外，還陸續種植蕃薯葉、金瓜、木瓜、香蕉、馬鈴薯等作物，目前番薯葉、金瓜、馬鈴薯正處於試種階段，倘若種植成功，未來可能會大量栽種。島上香蕉的產量雖說不少，但

結實累累的青木瓜

有毒的海檸檬

金瓜

椰子樹幼苗

很奇怪的是大家好像都偏好喝椰子水，從來沒看過有人去摘香蕉來吃。

至於木瓜是本農場的驕傲，在大家每日定時澆水、用枯葉當堆肥的努力下，至今已是結實累累，連長官都說「照這樣下去，木瓜未來很有可能會取代椰子成為這裡的主力作物」。

野芭蕉

全國最遠的郵局和郵筒。

南沙郵局。

　　知道這座外觀看似不起眼的白色建築物是什麼嗎？它不是
廁所，也不是倉庫，把信封翻到背面瞧一瞧吧！郵遞區號819所
指的就是這裡，全國最遠的郵局，隸屬高雄市旗津區的「南沙郵
局」。

一生僅見一回的郵遞區號

　　平日靜悄悄、大門緊閉的郵局，只有在運補船到達的前三天才會開張，每到這個時候，郵局內總是擠滿了寄家書、明信片、情書等等的人潮，好不熱鬧。郵局局長和副局長是由排副們來擔任，工作人員當然是由各區隊裡拉公差來擔任，每次到了這幾天，大家都忙到喘不過氣，從秤重、蓋印章、收錢、貼郵票到裝郵包等等工作都得自己動手。

最後一次寄包裹

最珍貴的明信片&郵戳

第六次寄包裹是大家最開心的事。

對我們而言，來郵局就像「倒吃甘蔗」一樣越來越開心，因為每來一次就代表你距離下島時間又少了一個月，在島上半年，郵局會開六次，前三次大家寄的東西多半是信件，後三次為了減輕下島時隨身行李的負擔，多半會把不必要的行李寄回去。

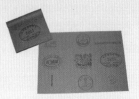
再也蓋不到的郵章。

為了帶回美好的回憶，最後一次來郵局時，大家多半會帶紙張來蓋幾個南沙的紀念章，回去可以跟別人炫耀：「就算你有全國各地的紀念章，也不可能有南沙的吧！」另外，這裡還有賣一些和南沙風景相關的明信片，由於數量有限，如果不早點來的話，最後會只剩沒人要的可以買，目前最搶手的是「浮出水面呼吸的綠蠵龜」，而令人最不感興趣的則是「南沙醫院」。

明信片大集合。

郵局所長簽名珍藏版。

充滿家人愛心的包裹。

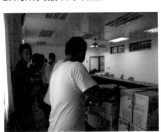
因郵寄包裹有限重，日用品都留給學弟們。

不要命的減肥法。

　　「你看你，全身都是肉，在這樣下去不到三十五歲肯定全身都是病。」父母擔心的說。老妹自編曲：「我的哥哥是胖子，啦啦啦啦啦，全身都是肉和油，啦啦啦啦啦！」捏我肚皮的朋友：「噢！這是什麼？是三層肉嗎？哈哈。」女友的阿姨：「你還是要減肥比較健康，這樣兩人以後才會幸福。」

上島前，我是個體重將近90公斤的胖子，常被家人和朋友調侃，上島後與我同屬警衛區隊的達爾和田鼠分別對我這麼說，達爾：「老葉，你知不知道你拿釘耙工作時，很像西遊記裡的豬八戒呀！」田鼠：「喂！大奶叔你來啦！」
雖然他們多半是無心地和我開玩笑，
但試問有誰聽到這種話會高興？

所以上島三個禮拜後，我就告訴自己無論如何都得減肥成功，如果錯過這麼好的環境，以後恐怕沒機會再瘦下來了，我一定要想辦法恢復高中時代的身材，等到回去時讓那些喜歡叫我胖子的人閉嘴。於是我給自己訂定一個「自殺式減肥計畫」，才短短的二十天，就立刻甩掉十幾公斤的肥肉。

只要有恆心就能瘦下來

首先，當然是飲食的控制，早餐我只吃一個饅頭，並向廚房申請吃素，午、晚餐一粒米都不入口，只吃不到半碗的蔬菜來維持體力。

老實說，這種減肥方式真的很累，由於熱量攝取明顯不足，加上整天要在大太陽底下工作和站哨，起初真的很想放棄，因為

覺得身體好累好虛弱，但一想到那些人的嘲笑嘴臉便又燃起了鬥志，最後是像「行屍走肉」般的撐了過來。

一個禮拜後，我的身體終於適應這種不正常的飲食模式，體重開始大幅度下降，加上自己想快點看到成果，只要有空就會去跑環島生態步道，希望能夠大量流汗把卡路里給消耗掉。每當工作結束後我都會去南沙醫院量體重，發覺平均每天可降下一點五公斤左右，「八八、八七、八五……七八……」我的煎熬在第二十天得到了豐碩的成果，體重從八十八減至七十三公斤。長官們看了都很吃驚，問我是不是吃了什麼毒藥，不然怎麼會瘦那麼快。同梯們都笑著對我說：「不錯，瘦了喔！」

減肥成功固然很開心，但我也付出不小的代價，嚐到了苦果，由於先前的飲食不正常，影響到我的腸胃功能，造成定期性胃絞痛，經由醫官開藥調養一個多月才恢復正常，還好沒有發生後遺症。

當了半年的出家人

榮譽團員會。

「學弟,後天要開榮團會,你們要選出你們這梯的主席。」

「什麼是榮團會?」大家對這個名詞都很疑惑。

　　原來在下島前一個禮拜,指揮官會選一天晚上召集所有學長學弟,和大家會談並詢問大家對於島上有無任何意見或是有什麼想實現的願望,只要要求合理幕僚們都會列入考量,這種座談活動就叫做「榮譽團員會」,簡稱「榮團會」。

　　榮團會結束後都會進行投票表決，選一名學弟擔任下一屆榮團會主席負責主持會議，這時候各區隊都會推派一名候選人出來，這些人沒有一個是自願，全部都是被陷害的。話雖如此，但主席要坐在指揮官身旁，在場除了指揮官就是你最大，換個角度想想，除了是種殊榮外也是種難忘的體驗。

　　今天是我們即將要下島的學長（第81、82梯）開榮團會的日子，由於指揮官搭乘軍艦回國休假，所以會議是由和藹可親的副指揮官來主持。

「弟弟呀！你們覺得副指的身材好不好呢？」

　　居然會有這種讓人出乎意料之外的開場白，這時誰敢回答不好呢？接著副指開始說起他年輕時的軍旅生涯，最後說到：「我有個朋友非常有錢，卻因為疏於保養身體，還不到五十歲，結果上個月就這樣走掉了。所以說，人到一定的年紀後，身體健康就變得格外重要……你們難得來到這麼好的環境，就要像副指這樣，每天透過努力工作來好好鍛鍊自己的體魄，將來絕對不會吃虧的。」

　　副指致詞結束後就是學長們發表意見的時間，由於島上能做的事實在是有限，就像隊長說的不要提出一些這裡根本就辦不到的事，像是「蓋一座網咖」、「開一間冰店」之類的。所以每梯提出的問題多半還是重複那幾個，其中「我們想去中洲島看看」是每次榮團會時肯定會被提出來的問題，但因為這次榮團會太晚

開會了，剩下不到一個禮拜的時間，而且還有很多「換防」的工作要做，所以學長們最後並沒有能夠踏上中洲島去看看整片白色珊瑚石和那數不清的海鳥。

提問結束後就是榮團會的壓軸好戲，「選出下一任會議的主席」，這時每個區隊都有特定幾個人會被自己的學長和同梯「陷害」提名，沒想到警衛區隊裡的名單居然有「我」，更氣人的是最後還以31票高票當選。

我心想「反正以前在學校實習時，常常在開班會，這群守紀律的軍人比學校那些頑皮的小鬼要好掌控多了。想看我和這梯主席一樣坐在台上講不出幾句話，真是門都沒有，等到那天我就High給你們看。」

迎新烤肉。

「喂喂喂！學弟們起床囉！恭喜你們要當學長了。」凌晨五點多當大家還在夢周公時，就被學長們的歡笑聲給驚醒，我能體會為什麼他們會這麼亢奮，因為今天是島上「駐軍換防」的日子。簡單來說，就是軍艦載著一批新兵上島，並將待滿半年的學長們載回台灣，同時我們這第86、87梯也從以往學弟的身分晉升為學長。

為了讓這些剛上島的新兵能夠儘快適應環境，卸除和學長間的隔閡且增進情誼，「迎新烤肉會」就這麼誕生，通常都是在學弟上島兩個禮拜後舉行。

每到這天，廚房從早到晚忙到分身乏術，除了要準備各種食材、冷飲、點心、配菜之外，最累人的是要成串好百人份的烤肉食品。

其他弟兄們也不只是光等著吃而已，其他人則是進出餐廳，搬出所有桌椅，幫忙端盤、設置烤肉架、負責佈置場地等多項工作。「迎新烤肉」素有打飯班的剋星之稱，因為這天的廚餘不但遠遠多過「慶生餐會」，餐具更是油膩到很難洗乾淨。

　　由於島上資源有限，什麼事情都得自己來，包含手邊的工具也一樣，這裡所使用的烤肉架是用汽油桶所製成，和一般的烤肉架比起來絲毫不遜色，而且還有一番獨特的風味。

　　能在夜晚吹著微微的海風，在滿天星斗的南島上和弟兄們一塊同歡烤肉，對我而言是種非常難得的際遇，更是種不一樣的人生體驗，我想這是我今生吃過最好吃的一次烤肉吧！

南島風情的烤肉會

保我太平。

　　有天晚點名後，隊長向大宣布：「我知道你們這梯就要下島了，很多人在大兵日記裡頭反應，希望能夠舉行最後一次生態考察活動，尤其是我們的中隊文書葉中辦也表示希望能再撿一次貝殼，不然會抱著永遠的遺憾下島……我看大家最近都表現不錯，隊長查過明天下午剛好有大退潮，沒勤務的人等等解散後就把假本送去中辦吧！」聽到這消息，大家都高興得不得了，整晚都在討論明天要帶什麼工具，希望能撿到什麼貝殼。

干貝，因為兩片合起來時底部會出現一個愛心的形狀，所以又稱作「心貝」。是大家最想撿到的一種貝類，傳聞撿到心貝能為愛情帶來無比的好運。但因為這裡的海洋植物生態豐富，所以凡是活的貝類表面都會長一層海草或是苔蘚，不仔細看還真不容易發覺，往往都以為牠是石頭而擦身而過，更而況心貝通常都有一半埋在沙子裡。

但是隊長說隔天可是千載難逢的大退潮，潮水將會退到幾乎只剩下礁石而已，這對想撿心貝的人來說無疑地是個天大喜訊，因為只要海水夠淺，要撿到心貝只不過是早晚的事。可是事與願違，這只是「暴風雨前的寧靜」，萬萬沒想到一個足以震撼全島的事件即將呈現在我們眼前。

第二天中午，許多島休的人剛吃完飯，正要回寢室休息準備下午去撿貝殼時，忽然島上警報器大作發出「嗡～嗡～」的聲響。在場的人先是愣了一會兒，緊接著訓練有速的全副武裝在指揮部前面分組集合完畢。隊長大喊：「有好幾艘越南船隻衝進來了，各組自行拿好裝備就位完畢，動作快！」沒多久拿步槍的、抬砲彈的，已於各據點就位，等待下一步命令。

事實上，越南侵犯太平島海域，越界捕魚、抓海龜已經不是一兩天的事，早期發生這種狀況時我方都很寬宏大量，先是開巡邏艇過去拿冰水請他們喝，然後再禮貌性的請他們儘速離開。但時間一久，這些越南人變得很不知好歹，見我方「老虎不發威，把我們當病貓。」行為是越來越放肆，搞到後來得示出槍枝要脅才肯走。

不知讀者是否還記得上一章提到有關越南的捕魚方式，通常都是由一艘母船開至作業地點，接著放下許多子船分散開來作業。以往這些小船都是分散的很開，這天不知怎麼回事卻集中在同一塊區域，當洋局出船前往交涉時，料想不到的事發生了。

　　這些子船見我方船隻靠近便開始移動，最後十幾條船將我們兩艘巡邏艇團團圍住，並開始發出「嘰哩瓜啦」的怪聲挑釁，這時鎮守在陸地上的我們都十分緊張，因為事發地點離我們約有0.8海浬左右，萬一發生意外，短時間內也無法立刻前去救援。

　　所幸洋局長官們並非省油的燈，手上配有火力強大的槍枝，更有幾位是海龍蛙兵出身，戰技優秀，完全不畏懼越南漁民們的挑釁舉動，再加上島上還有一群通過全國最嚴格體檢，歷經烈日考驗的中華戰士們鎮守，同時太平島的火力其實並不弱，漁民們再囂張也會有所節制。

　　「嚴以律己，寬以待人」向來是中華兒女的美德，長官並沒有把漁民押上岸或是扣留作為人質要脅，只是把船停在陸上保護得到的絕對範圍內，接著又派人前去交涉，希望對方能夠遵守法律退到九海浬外，最後這些漁民似乎也感覺到島上的駐軍不是那麼好惹便知難而退，迅速離去。

這次的突發事件除了破壞大家期待已久的生態考察活動，讓在場所有人心情低落以外，也讓大家深深體會到平日指揮官要求所有人不能因為身在遙遠的離島，就有「天高皇帝遠，誰也管不到」的心態，反之更要有居安思危的想法，因為我們是中華民國海防的最前線。回想起指揮部不定時要求大家做軍事訓練、打靶、對海面開砲、演習的情景，當時覺得又累又沒意義，但現在可是十足派上用場了。

　　士官長很感慨的說：「往後太平的日子可能快要成為過去式了，你們知道嗎？照這樣下去恐怕隨時都有可能會打仗。」我心想：「以前曾聽說這一帶蘊藏豐富的石油和天然氣，再加上海洋資源是那麼的豐富，哪個國家不會想要占領？搞不好這些闖進來的漁民很有可能就是被派過來試探我們的間諜呢！」

終章
再會南沙

　　若不是人各有志，當時的我還真想簽下志願役留在太平島上。打從踏上南沙的第一天起，我整個人生就改變了，不但身體完全脫胎換骨、重獲健康，更讓我的生涯藍圖變得更有規劃。

　　回台灣後我時常一個人獨自回想，我真的去過那裡嗎？半年的軍旅說長不長，說短也不短，回想起來總覺得自己就像「魔境夢遊」裡的主角一樣，做了一場酸甜苦辣的美夢，無時無刻都感到無比的懷念，希望今生還能有機會再到太平島去看看。

　　爾後，我都會告訴別人：「台灣各處的海域幾乎都已經遭到破壞，除了南沙太平島——這個我們去不了的地方以外。」

謠言止於智者。

　　指揮官常會說這麼一句話：「時間過得很快，我想86、87梯的弟兄們即將要下島了……」十一月的太平島氣候依舊炎熱，算算日子，來到南沙已經第五個月，這句話終於開始「正式」親近我們。

　　隨著時間一天天的倒數，所有人臉上都顯現出「我想快點下島」的神情。此時一個個不知從哪兒聽來的謠言，開始瀰漫在大家所謂的「聽說」當中。

　　有人說可靠的下島日期是十二月一號，也有人說冬季海上氣候不穩定，所以是十二月中才對。更誇張的是居然傳出因為一月份的運補船「可能」不會來，為了節省食物，我們將會和十一月的運補船一起回台灣。

　　有關下島日期的說法眾說紛紜，一時之間各區隊間謠言滿天飛，真不曉得這些消息是從哪傳出來的，大家就好像一隻腳已經踏上台灣本島的感覺。

　　面對眾人因「下島心態」所產生的情緒亢奮和焦躁不安，中隊長連忙於晚點名時出面制止，告誡大家現在人還在南沙，「當一天和尚就要一敲一天鐘」，才把眾人不安的情緒給平靜下來。

指揮官的話。

　　因為即將準備回台灣，某天下午指揮官召集所有86、87梯的弟兄在會議室集合，和大家做個會談。在過程中指揮官說：「今年是我在太平島任期屆滿的日子，我將會和在座各位一起搭軍艦下島，回到我以前的單位『基隆二總隊』擔任總隊長。」還問起住在北區的五個人是否知道自己下島後會被分派到哪個單位去。

凱閎：「淡水二二大隊。」

小乖：「聽人事官說好像是二二。」

冠璘：「應該是二二大隊。」

傑瑞：「二二大隊。」

「那你呢？」指揮官問我。

「報告指揮官，二總隊。」話才說完，所有人都哄堂大笑。

指揮官笑著對我說：「你知道嗎？當初你們這梯上島時，我原先很想選你來當我的傳令兵，你知道最後為什麼沒選你嗎？」

「不知道，可能是我看起來呆頭呆腦的吧！」

「那是因為我這輩子都被姓葉的壓著死死的，你知道我的老婆叫什麼名字嗎？她叫葉曉菁，就和你差一個字而已，我對她實在是沒有抵抗力……」

「噗，原來理由是這麼有趣呀！」我心裡這麼想著。

這時指揮官又說：「各位弟兄，你們下島到各個單位後，如果有遇到什麼不如意的事，或是受到不平等待遇的話，隨時都可以打來二總向指揮官反應，千萬不要客氣。」

「還有，如果找不到我的話，可以打給葉曉祥，因為我會把他調到我的辦公室來，和他相處剩下的這幾十天。」

回台灣後，在南沙的一切將成為美好的回憶。

聽到這句話旁邊的人開始調侃我說：「唉呦！老葉你可屌了，往後有人罩了。」、「不錯喔！總隊的傳令耶！」、「傳令官好……」這些人還真是狗腿。

不過話說回來，我還滿慶幸指揮官當初沒有選我當傳令，而讓我有機會擔任中隊文書的工作，因為傳令必須隨時待在傳令室內待命，休假時間也和所有人不同。或許有人會覺得傳令是種「爽兵」，但我卻不這麼認為。

我認為既然難得來到這座島，就應該儘可能放眼去看看島上的景物，去體驗這裡的生活，才算不虛此行。擔任中隊文書因為時常要跑遍全島各個單位，讓我發現了許多其他人沒看過的植物、昆蟲、海石，甚至是戰後遺留下來的古跡等，要是我當初被選為傳令兵的話，恐怕沒機會發現這些東西吧！

二總隊的狀況對我來說畢竟相當陌生，回台灣時能擔任指揮官的傳令我當然也很高興，只可惜我和指揮官無緣，後來回台灣時才知道自己和其他四人一樣被分到淡水二二大隊，而不是按戶籍地到我該去的二總隊。

無法實現的願望。

　　正式的下島時間終於出爐了，十月二十八日週四晚上的指揮
部晚點名時，指揮官告訴大家：「指揮官前天接到總局的電話通
知，載我們回台灣的軍艦將於十二月五號發船，預計在八號早上
抵達。」雖說不曉得之後還會不會更動，但我們總算是得到一個
有力的消息來源。

按照慣例，下島前的一兩個禮拜，指揮官會選一天晚上召開「榮團會」，和所有學長學弟會談並詢問大家對島上有無任何意見或是有什麼想實現的願望，只要是合理的要求，幕僚們都會列入考量。

　　上次榮團會的主角是81、82梯的學長，這回總算輪到我們86、87梯，由於指揮官搭乘十一月返航的運補船回國休假，所以這次榮團會的主持人是副指揮官，很不幸的本屆主席就是「作者我」。雖說有種被陷害的感覺，但除非簽下自願役，要不然人的一生中有幾次機會能坐在校級的長官旁主持會議呢？換個角度想想，這除了是種殊榮外，也是種難忘的體驗吧！

　　主席致詞時，我說道：「我要在這恭喜86、87梯的學長們終於要下島了，也要恭喜92梯的學弟們就要當學長了。希望學長們能夠善用這剩下不到一個禮拜的時間，好好去看看島上的一景一

物，雖然有人可能會覺得已經看膩了，但是我相信這些以後都會
成為你們最美好的回憶。學弟們也要謹記，往後的南沙就靠你們
了，學長們雖然下島，但南沙精神會因你們的努力繼續永遠傳承
下去。」說完台下傳來一陣陣的歡呼和掌聲。

　　實際上太平島在歷任指揮官的用心帶領下，已是「蕭規曹
隨」，大家針對島區改善的這個議題並無太多意見。至於心願方
面，在場大多數人都有個願望想實現，那就是希望能夠上「中洲
島」（位於太平島南方距離約三點一海浬處，為中華民國在南沙
群島的另一處主權，鳥類生態相當豐富。）去看看。

　　以前只有我們的大學長，也就是75、76梯曾去過那裡，遺憾
的是此時冬季海象不定，長官們商量後的結果，因基於出船安全
上的考量，無法實現我們的願望。

希望之船。

天候的變化不是我們所能預測的，更何況是那神祕的大海。由於冬季海象不穩定，縱始發船日為十二月五號，但只要天氣有所劇變，海軍為了安全上的考量，依舊會取消航行。

回台灣本島的軍艦發船前幾天，大家最關心的問題就是「軍艦是否會如期出港」，通信員覺得很煩，因為相同的問題每天都會被「問上好幾遍」。

十二月五號下午，當總機傳來軍艦起航的消息時，整個南沙指揮部傳來所有學長們的歡呼聲，因為只要船一開就不會再回航，也就是說在三天我們就可以搭上船，航向可愛的故鄉。一時之間，大家晚上都睡不著，不停地在討論回台灣後要怎麼去好好補償這半年來的辛苦。

不知是否因為這座島已經和我們建立起密不可分的關係，捨不得我們離開，從八號清晨開始天氣變得異常的差，不但刮起平時少見的強風還下起雨來。今天是大家等待已久的下島日子，所以弟兄們都精神抖擻的起了個大早，梳洗穿著整齊、用過早餐後暫時在寢室待命。

八點半左右，站守望哨的學弟來電中辦告知軍艦距本島已不到三海浬的範圍，大夥這時的心情已經不是能夠用言語形容的雀躍萬分，因為這艘船是我們半年前就期待已久的「幸運之船」。只要再過幾天，就可以和故鄉的家人、朋友還有朝思暮想的情人見面。

布達交接。

今天除了是大家引領期盼的下島日之外，對指揮官來說更是個大日子。因為這天是現任指揮官在島上任期屆滿下島，新任指揮官即將上島接任的日子。

從擔任司儀的人事官開場白到官印交接及新任指揮官致詞，整個過程只有短短二十幾分鐘，但這一切對所有人來說卻是十分莊嚴且深具意義。

新任指揮官是現任指揮官的學弟，接棒的同時將延續學長在島上的功績和精神，並且為了使太平島變得更美好而繼續努力。許多在島上一待就是兩年以上的長官們這時終於可以卸下重擔，回到台灣本島和家人共享天倫之樂，往後的工作就交給剛上島的長官們去執行。

對我們來說，小學弟們的上島意味著世代交替的到來，希望馬上要變成學長的92梯學弟們可以把和我們所學的一切承傳下去不要中斷。

　　典禮結束沒多久便傳來軍艦已在本島一海浬內停泊，M8艇和膠筏隨時都可以準備出動的消息，一百八十多天的日子至此也逐漸進入尾聲。

　　此時，有一名剛上島的長官說：「這裡的風景這麼美，有沒有人自願簽下來的。」坦白說，我當時真有一種想簽下去的衝動，因為我真的很喜歡這座島，只是礙於志趣不投所以作罷。

明朝一別，不知何時還能來到這裡。

再見了！南沙。

　　隨後排副要大家立刻回寢室拿行李，並再三交代：「一定要確認所有東西都帶齊，萬一有遺漏的話，要寄回台灣實在是件很麻煩的事情。」

　　為了減輕重量同時也是幫學弟們謀福利，大家都把一些像是肥皂、衣架、洗衣粉等日常生活消耗品留給他們使用，畢竟島上資源有限，在這裡大家都是兄弟，只要能幫忙就會鼎力相助。

　　除了日用品外，我還留了許多從家裡帶來的外用藥，並把學長留給我的「不鏽鋼保溫碗」、「篩沙盤」、「茶葉夾」統稱「中辦三寶」交給學弟，再利用僅剩不到五分鐘的時間再次叮嚀他中辦業務該注意的事項後，便背著行囊和大家往航道口出發。

我想這是絕對是我今生最美的一次回憶。

　　許多學弟都前來和大家握手恭喜我們下島，希望日後可以繼續連絡當朋友，讓人覺得相當不捨和感動。

　　沿路上，一群四處東張西望的新兵，也就是小學弟們迎面走來，我們很開心的說：「你們要好好加油呀！」、「歡迎來到南沙惡魔島，想辦法撐過這半年吧！」想當初剛上島時，大學長對我們說的話，今天終於輪到我們對其他人說了。

　　抵達航道口的鋼棚時，海上刮著強風飄著雨，此時已接近中午用餐時間，膳食區隊們送來親手為我們做的炒飯餐盒。

所有走過的腳印將永遠成為這裡的歷史痕跡。

這次搭船並沒有發暈船藥給我們，許多人包括我在內，整理行李時都忘記把那一小包半年前沒吃完的暈船藥帶在身上，現在想回去拿似乎也來不及而作罷。按常理來說，在這種情形下，上船前不該吃太多東西，頂多吃個幾片餅乾就該適可而止，但是學弟的熱情難以推託，大家還是把整盒份量十足的炒飯都給吞進肚子裡。

「喂！準備發船了。」十一點二十七分，海面風向稍漸好轉，雨勢也明顯的小了許多，從南星碼頭傳來洋局長官們洪亮的叫喊聲要我們趁現在立刻上船。

於是所有人在長官們的安排下，以六到八人為一組，乘上M8艇準備朝向軍艦航行。當M8艇發動的瞬間，心理頓時有股莫名的不捨和失落感，我回頭看了太平島和那清澈海水下的珊瑚礁一眼，心想：「以後沒機會再看到這裡了吧！」不禁感到一陣心酸，「再見了！陪我度過半年歲月的南沙太平島，希望你美麗永存，風光依舊。」

暴風雨。

　　M8艇才剛航行沒多久，原先已穩定下來的海象忽然間起了變化，天空突然下起大雨，海浪也比起先前飆高了許多。瞬時整個海面呈現一片霧茫茫，風強浪高雨水一滴滴打在我們身上，就像捨不得我們離開在為我們哭泣一樣。

　　起先大家對這突如其來的狀況感到很新鮮，以往學長下島時都是晴空萬里、風平浪靜，大家都有說有笑，覺得這是個難得的經驗，但才過沒多久所有人都兩眼茫然笑不出來愣在那兒。

　　吃水量小的M8艇因風浪的增強，此刻就像一片樹葉一樣，任憑波浪上下大弧度搖擺著。對那些歷經海上風浪的洋局長官們來說這當然不算什麼，但對生平沒幾次航海經驗的我們而言可是吃盡苦頭。

　　隨著震盪度的提高，大多數人都開始感到頭暈，加上肚子裡還有一堆沒消化的炒飯，船上的人開始一個接著一個吐出來。和我同船的弟兄連我在內共七人，除了我和柏凱硬撐著一張慘白的

臉色沒吐出來以外，其他人都吐的船裡船外「倒頭栽」。

　　更糟糕的是海面一片霧茫茫，使得原先從遠處看過去相當清楚的軍艦頓時消失在海面上，同時出發的其他M8艇也失去了蹤跡。洋局長官和平時觀看海面經驗豐富的警衛區隊們怎麼看都是白茫茫一片，完全蒐尋不到軍艦的蹤影，只能像鬼打牆一樣東碰西撞，希望可以衝出困境。

　　出發前大多數人都沒穿雨衣，制服根本擋不住雨滴的攻勢，大家都被淋得像隻落湯雞一樣，就連防水功能俱佳的工作皮鞋也浸滿雨水，所有嘔吐的人臉都綠了，看到這幅畫面連我都有點支持不住開始想吐。「要是可以的話，我好想快點回到島上，沖個熱水澡休息，就算要我晚一個月下島都甘願。」這是當時許多人心裡共同的一句話。

　　在洋局長官們的努力下，好一陣子的黑暗終於出現光明，原來我們和其他M8艇就在離軍艦不遠的周圍打轉而已。

驚險的
跳船。

　　海軍們一看到我們靠近，連忙從軍艦上拋下繩梯，準備隨時將爬上來的弟兄們拉上船。此時搭乘膠筏而來的士官長們拿出繩索把M8艇勾住拉近，要上面的人依序上膠筏後再跨上海軍拋下的繩梯爬上去。

　　這動作可一點都不好玩，軍艦起碼有兩層樓高，繩梯隨著海浪在那兒晃來晃去，還好行李另外使用吊臂吊上去，不然背著十幾公斤的東西萬一沒跳好，不小心掉到海裡可不是開玩笑的。

　　士官長道：「你們要記住，由於風浪太大膠筏不可能隨時靠近軍艦，等海浪把膠筏推向軍艦時，我叫你們跳就立刻跳上繩梯，千萬不能猶豫，稍有個分心就會很危險知道嗎？」

　　還真是什麼壞事都有我的份，當我一隻腳剛跨上繩梯時，忽然一陣大浪打來把膠筏推離軍艦好幾公尺，也就是說一隻原本還踩在膠筏上的腳突然懸空。還好我的身手還算敏捷，另一腳馬上蹬上梯子爬上去，否則今天恐怕不會有這本書了。

東北季風。

　　上軍艦後，收假回來的區隊長何排笑著對我說：「葉曉祥，你這麼強壯的人應該還OK吧！」我面色慘白乾笑的說：「是呀！我還健在。」

　　這時大家已是精疲力竭，接待我們的中校輔導長在確定人數到齊和行李無遺失後，立刻安排大家到底層的住艙換衣服休息。

和上島時搭乘的中平艦相較，這回搭乘的是較新式的成功級軍艦。艦上空調設備良好，柴油味相對的也少了許多，伙食更加色香味俱全，最讓人開心的是木製的床上鋪著柔軟的棉被，躺起來非常地舒適。

　　船上設備好的沒話說，可惜我們沒那福氣享用。軍艦回航時，受到東北季風的影響，船身搖晃的非常劇烈。雖然指揮官在下島前曾說過：「成功級軍艦有支巨大的船翼可穩固船身左右。」，因此要弟兄們別擔心會暈船受不了。但人算不如天算，九級風浪的威力已經超出我們的想像，連躺在床上都快承受不住，更何況是站起來去餐廳用餐。

　　接下來的日子只能用「人間地獄」來形容，住在艙內不斷傳來弟兄們的嘔吐聲和飄散而來的異味，直到入夜，嘔吐聲依舊沒停過。

　　我雖然沒吐但也不好受，整天都處於流淚昏睡的狀態，與其說是睡著還不如說是昏死過去。聽說人死前會把生前的種種經歷回想一次，這時我真有那種感覺，潛意識裡的我並沒有睡著，許多往事開始浮現在我腦海裡，最後讓我想起

上島全身肉，下島八塊肌。

「父母、朋友、還有心愛的女友，我還能活著回去見到她嗎？」

十二月十日下午，我清醒了。不知是因為適應船上搖晃的關係還是說已經麻痺了，我不再感到頭暈目眩想睡，先前周邊的嘔吐聲已不再傳來，取而代之的是開心的聊天聲。

好久沒呼吸到新鮮空氣了，心裡想著想著便朝向甲板走去，這時已是黃昏，天色漸暗，許多弟兄站在甲板上看著海面，開心聊著天。

忽然一股熟悉的味道傳入我的鼻腔內，那是和南沙不一樣的空氣污濁味。映入眼簾的是一根根冒著黑色濃煙的煙囪和灰茫茫的天空。

「咦！看到陸地了，好熟悉的地方喔！啊！前面那不是高雄的壽山嗎？」這時整個視線突然間清晰了起來。放眼望去，陸上四處燈火通明，海面上則見一艘艘準備歸航的漁船。沒錯！我看到了，看到我那半年未踏上的故鄉呀！

終於
回家了！

　　原來艦上的官兵們接到通知要提前趕回去演習，於是入夜時便加快航行節速，迅速脫離東北季風圈，縮短原先要花費將近四天的航程，只花了兩天半的時間便抵達台灣。

　　很多人因為暈船的關係，在船上什麼東西都沒吃，喝了幾口水後就繼續昏死在床上等待這段痛苦的時間結束，所有人幾乎都瘦了一大圈。在警衛區隊裡和我交情最好的聖淵弟兄原本有一身健美的肌肉，但兩天下來，肌肉就像洩了氣的氣球一樣，整個全都平掉。

　　下午六點半左右，軍艦順利駛進左營軍港，準備搭載我們前往五總隊的遊覽車已在那裏等候多時。當我踏上地面時說了一句話，那就是「我終於看到了黑色的柏油路了！」

在兩個小時就到台北了。

我真的去過南沙嗎？

　　因為在南沙待太久，沿途大家看到窗外都很興奮高喊：「哇！是麥當勞！」、「我看到85度C了！」、「快靠過來看正妹！」、「派克雞排！」、「有7-11耶！」……

　　抵達五總隊後，所有人被安排到會議廳內，長官對我們說了許多勉勵的話，感謝我們這半年來在南沙的付出。北中南東各局的人事官也到場，宣佈每個人的下島假天數，確定無誤後告知我們收假報到的單位和時間，接著就讓大家回去休假，還送給每人一份西點麵包餐盒。

　　我和幾名住台北、台中的弟兄出了總隊大門後，連忙招來計程車前往高雄捷運站準備搭高鐵回家。一路上看到窗外高樓林立、燈火通明，不禁覺得在南沙的總總一切，就像是作了場夢一樣，我真的去過那裡嗎？

後記。

愛情是手中握不住的細沙

有人說：「在外島當兵就是要想得開，最好不要有感情上的羈絆。」上島三個月後，女友開始變了，每逢和她講電話時，不再像以前那樣「溫柔甜蜜」，而是「充滿抱怨」，然而我並不驚訝，因為這是我早已預料到的事。

回想起來，我們交往到現在即將邁入第四個年頭，感情雖好卻也過得不輕鬆，原因是家裡覺得她不夠好因而不喜歡她，經常要我和她分手。但我怎麼可能會因為這點挫折就拋棄我的小公主呢？一切的疲勞轟炸我都默默承受下來，不敢讓她知道。

女友是個心思細膩的女孩，什麼事都逃不過她的直覺，某晚吃飯聊天時，她突然對我說：「我覺得你家人一定是不喜歡我，不然為什麼我們交往那麼久，我都沒看過你家人。我很愛你，希望你可以改變你家人對我的看法，我希望以後可以當一個被認可的好太太。」

但是我讓她失望了，因為我改變不了父母對她的印象，她的家人聽到女兒被嫌棄自然也是很不高興，也希望她趕快放棄這段感情，別再用熱臉去貼人家的冷屁股，但她卻也為了愛情而堅強的承受下來。

　　對我來說她絕對是個好女孩，除了對感情認真投入之外，最讓我欣賞的是她對家人非常的照顧，「家裡經濟狀況不差，但打工賺來的錢大部分都交給父母或用在兩個妹妹身上。」、「只要有空，就會親手做東西給我吃。」、「很努力積極地想改變我家人對她的偏見……」，這些都是我不曾遇見過的。

　　能遇到像她這樣好的女孩是我的福氣，但家人總是覺得「找對象就和買東西一樣要貨比三家，鄰居們想介紹給你的女孩子學歷比她高、外在條件比她更好，帶出去多有面子。」每次聽到這些話，總是令我對那些多事的三姑六婆產生埋怨。

　　女友是個很重視家族觀念的人，她無法接受婚後遭公婆冷言冷語或是要丈夫放棄家庭獨自和她出去生活。在她的認知裡，婚姻就是要被雙方家庭認可才會幸福。久而久之，她也開始向我抱怨，但都在我的安撫下平安收場。

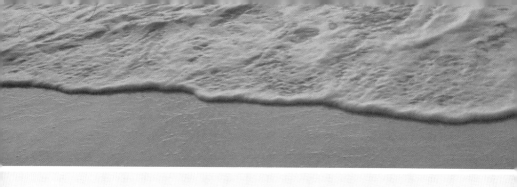

　　直到我前往南沙服役後，她因工作受到挫折而疲憊不堪，加上我又無法像以往一樣在身邊安撫她、幫助她，在精神不停地壓抑下，最後那道防線終於崩潰。某天，在電話中她哭著對我說：「今天我和家人又為了你的事吵架，我真的覺得好累。如果你當兵回來依舊無法改變局面的話，我們就分手吧！因為我也有點年紀了，不想到了最後和你沒結果。」

　　聽到這番話，我心裡十分難過卻又無能為力，能做的只有在每次講電話時好好安撫她的情緒，希望她好好工作不要想太多。並承諾她說：「我一定會設法說服家人，要她不要擔心。」

　　但我們倆心裡都明白，這就像在癌症末期病人身上插滿管子一樣，只是「緩兵之計」，最後病人還是會死亡，我們的感情終究會結束。

　　回台北後，三十五天下島假開始。女友也實現當初的諾言等我回來，但卻因為我無法改變家人對她的看法，還是只能忍痛和我分手，結束了這段長跑四年的感情。

　　有時我常在想，「如果我當初沒有舉手自願去南沙，可以經常陪在她身邊安撫她、照顧她的話，或許可以改變她的想法，一

起度過這段低潮期。」

「忠孝東路走九遍，腳底下踏著曾經你我的點點，我從日走到夜心從灰跳到黑，我多想跳上車子離開傷心的台北。」這些歌詞正符合我的心情，我真想離開台灣去哪裡都好。

看來這是上天要懲罰我對她不誠實給予我的報應吧！不管怎麼說，現在這些都不重要了……

86、87梯的勇士們，因居住地不同的關係被分發到全國各地的單位，雖說距離遙遠難，但因在島上的互助合作使得情誼長存，平時都會利用msn或facebook連絡。大家還在網路上組成了「南沙群英會」，等待時機舉辦聚會。

下島假結束後，我和另外四名弟兄，包含我的好友梓銘在內，前往淡水的二二大隊報到等待退伍。這個單位距離我家最近也是我當初最想來的單位，但現在卻成了我最不想來的地方。

因為淡水是我和女友正式約會並告白成功的地方，每次放假漫步在漁人碼頭時，都會讓我想起在這和她第一次牽手、接吻以及她那羞澀的表情，只要一回想起這些往事，我的心就覺得好

痛，「如果沒再遇到像她那樣的女孩，我不會再放感情下去。」
心裡這麼想著。

　　我的勤務從「監控海面」變成「站大門」，放眼望去到處
是人潮、車輛，那廣闊的海景已不在，天上的星星用雙手數的出
來，不知何時才能再看到那滿天星斗的畫面。因巡邏的關係前往
附近一帶的海灘，四處盡是被污染的黃色沙灘和滿地垃圾發出的
惡臭味，骯髒的珊瑚礁就像生病般的在哭泣，沙灘上看不到幾個
貝殼，更不見什麼海洋生物的蹤影，實在讓人失望。

　　許多聽說我回來的親友都會很興奮的向我問起有關南沙的
事，我也樂於和他們分享，因為那裡有我酸甜苦辣的回憶，想起
來真的是好開心，我敢說到南沙太平島服役是我今生最得意的一
件事了。

　　二月二十二日我即將退伍，正式踏入社會開始人生另一個旅
程。當時因暈船的關係只能住在艙內休息，無法再多看島上最後
幾眼，等清醒回神時，軍艦已抵達台灣本島，「太平島」早已離
我遠去。

可是每次來到淡水或是看到大海時，都會令我忍不住想起女友那對可愛的小酒窩、白沙椰林、綠蠵龜、滿天是星星的畫面，還有那花費再多的金錢也去不了的『南沙太平島』。」

　　往後我都會告訴別人：「台灣各處的海域幾乎都已經遭到破壞，除了那個我們去不了的地方以外。」

浩浩東海旭日照，萬里江洋砥礪航，

航向國家新里程，羅盤在握志昂揚，

海域執法為職志，走私偷渡無所藏，

海洋巡護不辭苦，生態保育不畏難，

海難救助我先鋒，捍衛海防我爭強，

滬濱聳立蔚國光，海巡精神永光揚。

遙距台灣本島
1600公里的
一座孤島。

你知道有座外島屬於中華民國的嗎？或許你去過「金門」、「馬祖」、「小琉球」、「綠島」、「龜山島」、「蘭嶼」，聽過「烏坵」、「東莒」、「西莒」、「東引」，甚至「東沙環礁」。但在相距台灣1600公里，夾在越南、馬來西亞、菲律賓間的南沙群島中，有一座屬於我們的「太平島」、一塊台灣最後的淨土、一群半年無法回家的勇士們捍衛著這片疆土，你知道嗎？

當時數艘越南漁船惡意闖入太平島海域捕魚，像蒼蠅一樣趕都趕不走的情景至今仍記憶猶新，直屬學弟下島後來台北找我敘舊時說到：「學長你知道嗎？現在的學弟都是特別挑選過的，而且上島前都得去烏坵接受陸戰隊訓練。」學長當時所講的話看來要應驗了。

我的故事雖然已經結束，但南沙的新故事才剛要開始，太平島從早期陸戰隊鎮守的緊張時代，至民國八十九年海岸巡防署接管後，維持好幾年的平靜日子。但現今卻因附近「蘊藏大量的石油和天然氣」、「緯度極低適合發射人造衛星」等利益，使得這座島又重新成為「兵家必爭」之地。

　　回首當年抗戰勝利後，「太平」、「中業」等四艘軍艦接收太平島時，這片群島都是屬於我們的，但馬來西亞、菲律賓、中國大陸、越南等國卻「貪心不足蛇吞象」，陸續出兵佔據各座島嶼與珊瑚礁，在上面駐軍、建蓋基地。這其中馬來西亞、中國大陸、菲律賓各佔八座，越南除了佔據二十九座之多外，也和菲國一樣想把整個南沙群島劃入領土範圍，至今我國在南沙群島的主權僅剩「太平島」和「中洲島礁」而已。

　　事實上不論就歷史地理、事實、國際法而言，南沙、西沙、中沙、東沙四群島，及其週遭水域所有權皆屬中華民國，這是不容置疑。昔日有「南海明珠」美譽的東沙環礁因大陸漁民不斷炸魚、毒魚的關係，威脅到珊瑚礁生態，最後竟然殘破到無法彌補的地步。

引述公視「失落的天堂」節目裡所說的「2001年10月，一批海洋學者重返東沙環礁，卻發現一切似乎太遲了。整個環礁就像一片茂盛的森林被大火燒過一樣，遍地都是殘骸。」中山大學邱文彥教授說：「現在要找到一片乾淨的沙灘拍照都很難。」從來沒有人會想到這塊足以堪稱世界一流，甚至是有過之而無不及的環礁，至今會走到這種地步，也不曉得要花多少時間才能夠讓它復育。

　　目前中沙的主權仍在爭議中，西沙落入中國大陸之手，東沙環礁雖已非彼昔日，但我們絕不容許再讓這樣的悲劇重演。因為我們還有一個「堅強的孩子」獨自身處在一個既遙遠又四處危機的異地，在它的身上有一群不畏恐懼的戰士們堅守著，不許敵寇踏入半步。

　　許多曾在島上服役過的人下島後都有一個共通點，那就是「如果可以的話，我好想再回到那裏一次。」這是一處不能失去的地方，我們絕不能讓這個耗時多年努力經營的地方成為「孤兒」。即便它在地圖上找不到，我們也該大聲呼籲全國同胞來關心它，共同把溫暖送到這個相距你我1600公里的地方。

南沙之歌

Nansha Nansha Nansha Nansha

Nansha Nansha Nansha Nansha

我乘風破浪踏上這島嶼，台灣的國境極南。

夕日如畫，宛如在對我說話，她的名字就叫做南沙。

翡翠般的海水，輕輕打溼我的腳踝，夜晚星空對著我呢喃。

椰子隨風落在白色沙灘，寄居蟹緩緩走進我的身旁。

Nansha Nansha Nansha Nansha，一段扣人心弦的插曲。

七彩繽紛的珊瑚礁，綠蠵龜在海面遨游。

一生一次的邂逅，我不後悔來到這兒，我堅定我的選擇，我堅定我的選擇。

國境極南 太平島－揭開台灣國土最南端的神祕面紗

作　　　者	葉曉祥
攝　　　影	葉曉祥、林顯維、洪育傳、宋梓銘、高萬福
發　行　人	林敬彬
主　　　編	楊安瑜
編　　　輯	黃馨華
美術編排	徐雅雯
封面設計	王薪惠
出　　　版	大旗出版社　行政院新聞局北市業字第1688號
發　　　行	大都會文化事業有限公司
	11051台北市信義區基隆路一段432號4樓之9
	讀者服務專線：(02)27235216
	讀者服務傳真：(02)27235220
	電子郵件信箱：metro@ms21.hinet.net
	網　　　址：www.metrobook.com.tw
郵政劃撥	14050529 大都會文化事業有限公司
出版日期	2011年8月初版一刷
定　　　價	280元
I S B N	978-986-6234-29-3
書　　　號	FORTH010

First published in Taiwan in 2011 by Banner Publishing,
a division of Metropolitan Culture Enterprise Co., Ltd.
Copyright © 2011 by Banner Publishing.
Printed in Taiwan. All rights reserved.

4F-9, Double Hero Bldg., 432, Keelung Rd., Sec. 1, Taipei 11051,
Taiwan
Tel:+886-2-2723-5216　Fax:+886-2-2723-5220
Web-site:www.metrobook.com.tw
E-mail:metro@ms21.hinet.net

◎本書如有缺頁、破損、裝訂錯誤，請寄回本公司更換。
【版權所有　翻印必究】

特別感謝照片提供：　戴昌鳳先生（P1、P3、P8、P19、P20、P256）
　　　　　　　　　　張淯蒼先生（P2、P4、P37、P148~149、P161、P177(中)、P178）

國家圖書館出版品預行編目資料

國境極南　太平島—揭開臺灣國土最南端的神祕
面紗 / 葉曉祥著. -- 初版. -- 臺北市：大旗出版：大
都會文化發行, 2011.08
　　面；　公分

ISBN 978-986-6234-29-3(平裝)
1. 遊記　2. 旅遊文學　3. 南沙太平島

733.9/131.69
100013942

大都會文化　讀者服務卡

書名：**國境極南　太平島**－揭開台灣國土最南端的神祕面紗

謝謝您選擇了這本書！期待您的支持與建議，讓我們能有更多聯繫與互動的機會。

A. 您在何時購得本書：_____年_____月_____日

B. 您在何處購得本書：_____書店，位於_____(市、縣)

C. 您從哪裡得知本書的消息：
　1.□書店　2.□報章雜誌　3.□電台活動　4.□網路資訊
　5.□書籤宣傳品等　6.□親友介紹　7.□書評　8.□其他

D. 您購買本書的動機：（可複選）
　1.□對主題或內容感興趣　2.□工作需要　3.□生活需要
　4.□自我進修　5.□內容為流行熱門話題　6.□其他

E. 您最喜歡本書的：（可複選）
　1.□內容題材　2.□字體大小　3.□翻譯文筆　4.□封面　5.□編排方式　6.□其他

F. 您認為本書的封面：1.□非常出色　2.□普通　3.□毫不起眼　4.□其他

G. 您認為本書的編排：1.□非常出色　2.□普通　3.□毫不起眼　4.□其他

H. 您通常以哪些方式購書：(可複選)
　1.□逛書店　2.□書展　3.□劃撥郵購　4.□團體訂購　5.□網路購書　6.□其他

I. 您希望我們出版哪類書籍：（可複選）
　1.□旅遊　2.□流行文化　3.□生活休閒　4.□美容保養　5.□散文小品
　6.□科學新知　7.□藝術音樂　8.□致富理財　9.□工商企管　10.□科幻推理
　11.□史哲類　12.□勵志傳記　13.□電影小說　14.□語言學習（_____語）
　15.□幽默諧趣　16.□其他

J. 您對本書(系)的建議：
_____

K. 您對本出版社的建議：
_____

讀者小檔案

姓名：_____ 性別：□男 □女　生日：____年____月____日

年齡：□20歲以下 □21～30歲 □31～40歲 □41～50歲 □51歲以上

職業：1.□學生 2.□軍公教 3.□大眾傳播 4.□服務業 5.□金融業 6.□製造業
　　　7.□資訊業 8.□自由業 9.□家管 10.□退休 11.□其他

學歷：□國小或以下 □國中 □高中／高職 □大學／大專 □研究所以上

通訊地址：_____

電話：（H）_____（O）_____ 傳真：_____

行動電話：_____ E-Mail：_____

◎謝謝您購買本書，也歡迎您加入我們的會員，請上大都會文化網站 www.metrobook.com.tw
登錄您的資料。您將不定期收到最新圖書優惠資訊和電子報。

大都會文化事業有限公司

讀　者　服　務　部　　　收

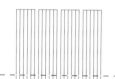

國境極南　太平島
－揭開台灣國土最南端的神祕面紗

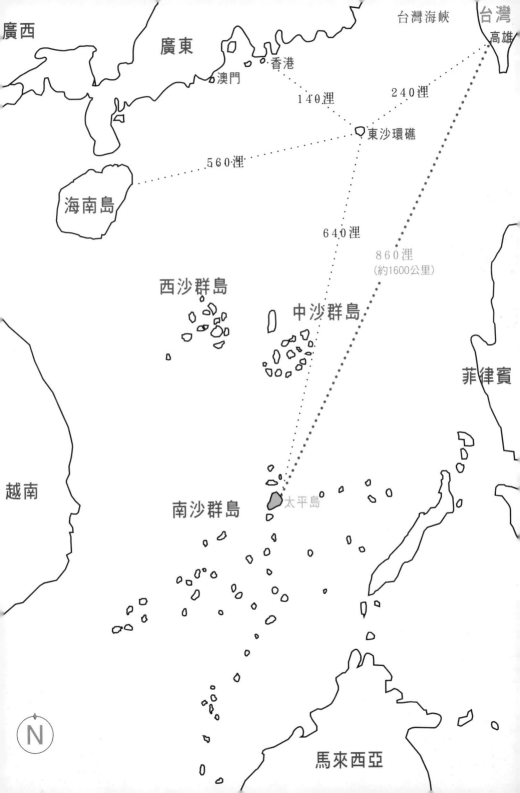